TVA: Democracy On The March

民主与大坝

美国田纳西河流域管理局实录

〔美〕大卫·利连索尔 著

徐仲航 译

上海社会科学院出版社
SHANGHAI ACADEMY OF SOCIAL SCIENCES PRESS

本书作者大卫·利连索尔，也被称为"TVA 先生"

TVA 第一届董事会成员，摄于 1933 年。从左至右依次为：哈考特·摩根
（Harcourt Morgan）、阿瑟·摩根（Arthur Morgan）、大卫·利连索尔

1933 年 5 月 18 日，罗斯福
总统正在签署《田纳西河流
域法案》

道格拉斯大坝建设工地

竣工后的道格拉斯大坝

夜幕中在建的诺里斯大坝

竣工于 1936 年的诺里斯大坝。它是 TVA 的一个试点项目，其建造和管理成为
TVA 大坝项目的一个典范

罗斯福视察博尔德大坝建设工作

建坝前，洪水肆虐

大坝建成后，航运畅通

待迁移的库区居民

如今的田纳西河畔民居

田 纳 西 河 流 域 图

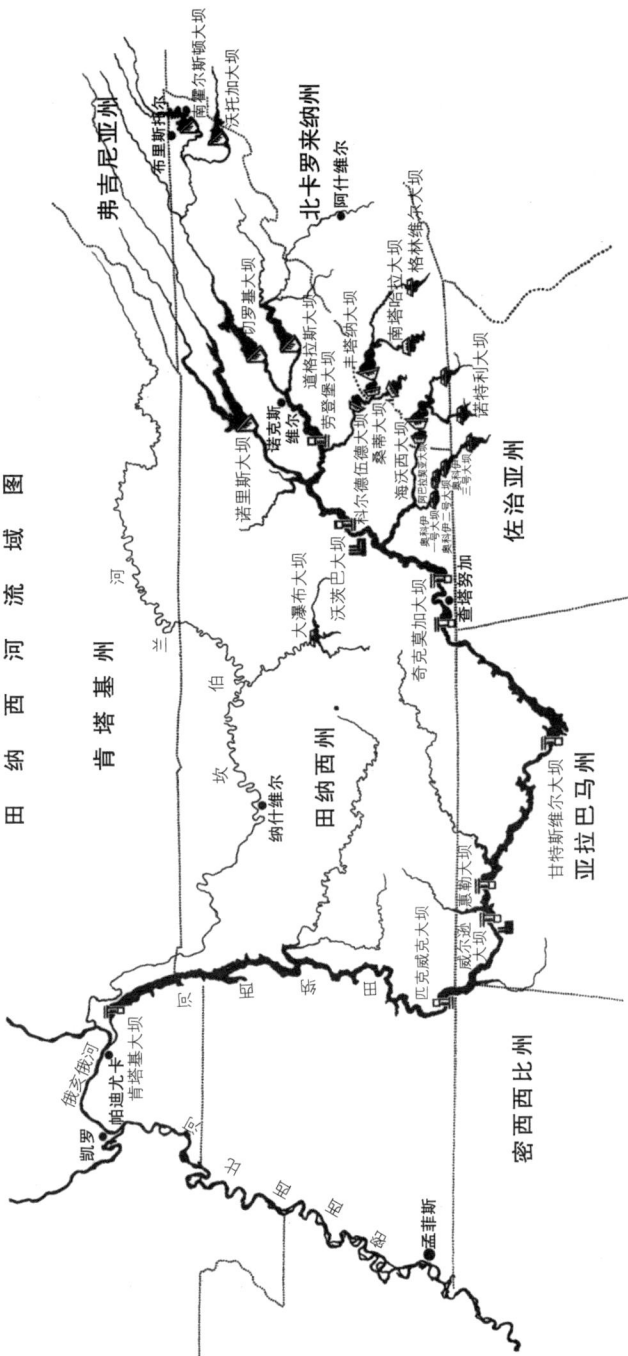

弗吉尼亚州

肯塔基州

北卡罗来纳州

布里斯托尔

南霍尔斯顿大坝
沃托加大坝

阿什维尔

切罗基大坝
道格拉斯大坝
诺里斯大坝
丰塔纳大坝
巴登堡大坝

诺克斯维尔
劳登大坝
南塔哈拉大坝
格林尔大坝

科尔德伍德大坝
海沃西坝坝
富特拿大坝大坝
奥科伊一号坝
诺特利大坝
奥科伊二号坝
奥科伊三号坝

河

佐治亚州

田纳西州

兰

伯

坎

大瀑布大坝
沃茨巴大坝

纳什维尔

奇克莫加大坝
查塔努加

亚拉巴马州

惠勒大坝
甘特斯维尔大坝

田纳西河流域图

匹克威克
大坝
威尔逊大坝

田

密西西比州

俄亥俄河

凯罗

帕迪尤卡
肯塔基大坝

卫

田

密

孟菲斯

出版弁言

二战期间，美国不仅向盟国援助军事武器和各种物资，还输送书籍。美国也向中国提供了许多书籍（包括赠送版权，提供翻译资助），这本书正是其中之一。

罗斯福"新政"将美国拉出经济大萧条的泥潭，为赢得反法西斯战争积蓄了强大的物质力量。"新政"的核心是政府投资兴建大型公共工程，以拉动各行业的发展。罗斯福签署《田纳西河流域法案》，设立田纳西河流域管理局（Tennessee Valley Authority, TVA），大举拦河造坝，兴修水利工程，是"新政"的重要举措之一。田纳西河流域的水利工程是"新政"最显耀的亮点，是体现美国优越性的样板工程，引得很多有大河水患的国家争相参观、仿效。直到现在，田纳西河流域治理作为大型公共工程的经典案例被列入教科书中，也时常出现在招考公务员的试卷中。

抗战时期，国民政府西迁重庆，三峡水道是出入的要津。孙中山先生建设三峡、开发水利的遗愿，成了迫切的呼唤。1943年底，国民政府资源委员会邀请美国水利工程权威萨凡奇考察三峡，1944年10月萨凡奇提交了《扬子江三峡计划初步报告》，这是一份三峡建设的蓝图，当时非常轰动。国民政府原则上同意了三峡工程的建设计划，同时选派了水利工程人员到美国参观学习，田纳西河流域水利工程是考察的重点，考察者无不钦美。梁思成参观后感慨道：中国需要几百个这样的水利工程。黄万里也曾在这里实习过数月。

　　本书恰好于1944年在美国出版。作者利连索尔（David E. Lilienthal）毕业于哈佛法学院，从1933年起主政田纳西河流域管理局十余年，1946年被委任为美国原子能委员会主席，是蜚声世界的公共行政专家。本书详细记叙了田纳西河流域治理的全过程，蕴含丰富的心得与经验，是公共行政学的经典，数十年来不断再版。

　　美国政府资助翻译此书，译者徐仲航却是一位中共地下党员、杰出的情报工作者。徐仲航领导一个潜伏在国民党高层的情报小组，成员有著名的红色间谍华明之沈安娜夫妇。徐仲航于1942年秋被军统逮捕，关押在重庆渣滓洞，他经受住了严刑拷打，没有屈服变节，1944年被组织营救出来。不清楚徐仲航如何获得翻译这本书的机会，可能是他的上级阎宝航介绍的。徐仲航翻译这本书，应该是怀有这样一个愿景：终有一天能像治理田纳西河流域那样建设三峡，制服水患，造福人民——这是一个超越党派斗争的共同愿景，区别在于谁能实现，如何实现。

　　1946年，徐仲航的中译本由重庆商务印书馆出版，立刻受到读者欢迎。尽管当时复员回迁，抗战方休内战又起，百业凋敝，此书仍然多次重版，还列入中学生文库。虽然战火使得三峡建设的蓝图无法实现，但很多人把这个愿景存留在心底深处，以待海晏河清之世。

这本书的英文名是 *TVA: Democracy on the March*（《民主在前进》），徐仲航意译为《民主与设计》，体现了当时知识界普遍的认知：理想的社会是民主制度加计划经济。时隔 70 年后启蒙编译所重版此书，书名更改为《民主与大坝：美国田纳西河流域管理局实录》。

田纳西河流域管理局（TVA）是世界上第一个流域管理机构，对田纳西河流域的开发和管理取得了辉煌的成就，改变了田纳西河流域贫穷落后的面貌，TVA 管理模式为各国竞相仿效。但是，TVA "集权与统一" 的管理模式，与美国的联邦体制不合，争议不休，因此该模式在美国并没有得到推广，随着弊端不断显露，已有废止《田纳西河流域法案》的呼吁。

译者当时生活困顿，境况非常险恶，能完成此书的翻译已属不易；而且译者意译程度较大，译名与语言风格与现今有不小的差异，译文难免存在一些问题，对此我们尽可能做了校订。启蒙编译所放弃自己已有的译本，下功夫校订重版徐仲航的中译本，有向其致敬的心意。

汪　宇
7 月 15 日

目　录

中文版序

张申府①

现在全世界人都在谈民主。同时，全世界人都在重视设计。但是在一般人心中，民主与设计二者之间是不无矛盾的。怎样把这种矛盾消解，怎样把有必要的民主与设计结合起来，而使设计成为民主的，即构成所谓民主的设计，这也正是今日许多有进步头脑而脚踏实地的人士要切实解决的一个问题。

其实这个问题已经解决了。所谓民主的设计的最好的例子，如英国赫胥黎博士（Julian Huxley）所说，就在美国的田纳西河谷洼与沿哥伦比亚河的西北区。赫胥黎博士在 1942 年春第二度访问美国这个田纳西河谷洼②区域以后曾经说："在重访时最使我感兴趣的就是田洼局（TVA）抱着把全盘设计与民主的一些

---

① 张申府（1893—1986），名崧年，张岱年之兄，曾任北京大学、清华大学教授。著名哲学家、数学家，中国罗素研究第一人。——编者注

② 中文版序所说"田纳西河谷洼"，正文译为"田纳西河洼谷"，在此保留原貌，以下不再一一说明。——编者注

价值调协起来的显明目的，所采取的那种技术。"

　　这个所谓田洼局本是罗斯福 1933 年初当政后实行新政最早也最成功的一个收获。它究竟怎样实施民主，实施设计，而把二者融会起来，它的主要指导人之一利连索尔在 1944 年发表的这本书中，把这些都已亲切而明白地叙述了出来。那时这本书一到手，我就曾以"民主、科学、设计"为题，写过一篇介绍。介绍上曾说：

　　"民主、科学、设计，这是今日思想的中心，这是今日行动的纲纪。有此乃有革命，也有此乃可以革命，乃有人民的革命。"

　　民主、科学、设计、人民、革命，这些正是这本新书之所表示。

　　这本书固然只能算是一本小书，但断然是一本好书，是一本极其实在、充实有物的书，是一本民主胜利、科学成功、设计有效、人民革命、生活快活的颂词。

　　所谓田洼局——TVA，全名为田纳西河流域管理局（Tennessee Valley Authority），固然已是全世界所注意的，在美国一个特别划定不以州为限的区里实行的，关于水利、电力、农工业、资源利用，集体经营的大规模实验；就是中国前去该区参观实习或从事正规工作的也已不在少数（本书中有多处提到中国）。著者就是该管理局的现任主席，本其 10 年经验，自述其事业，自数其家珍，当然倍感亲切。但是此书的意义，此书的旨趣，却并非仅此而已。本书论题的范围虽是特殊的，但其意义之所及却是一般的，就在于民主的发展，科学的利用，设计的实践，自由快活的充分获得。于此可见如何分权，于此可见人民如何参与有关其日常生活的决定，于此可见真正经济民主的模范。

由本书可得所谓设计的要义，以及著者所谓"统一发展"（特看第十八章）。又如著者说："民主设计的命根就是：在全体人民心上都觉醒起一种共同道德旨趣之感。不是一个目标，而是一个方向。不是一个一劳而永逸的计划，而是由人民自觉地选择许多陆续相继的计划。"因此，"显然，在一个民主国家里必须永远把计划依据在此时此地上，依据在'事物的实在情形'上"。

田洼局本是一种科学与政治结合的实验。本书也就在说明科学与政治结合，使科学发生其最大功能，能收到怎样的效果。设立田洼局这个半独立机关的法案于罗斯福当政的第一年通过，即 1933 年 5 月 18 日。这个设置，实是罗斯福新政中最显赫的一件。10 年以来，由它在田纳西河上所筑成或改善的二十几所坝（堰）已使得那块地区成了美国第二大电力生产地。今年（1944）可以产生全部 12 亿千瓦时的电能。一千瓦时电等于 10 小时的人力。所以著者说，该谷洼的 12 亿千瓦时电力可以看作是 120 亿小时人力（简称"人时"）。

据著者自序说[①]：

　　这是一本讲明日的书。

　　我今天写它的旨趣是打算拨开包围我们的，关于明日

---

① 中文版序所引原文段落，与正文中略有出入，疑为所依版本不同。在此保留原貌。——编者注

的，游移混乱的雾。这个雾大部分是由空话造成的，是由在现实世界上全无实在根据的空话造成的；要驱散这种乌烟瘴气，我们必须看到空话后面的实在。

因此，这本书就是讲实在事物和实在人物的：河流与怎样开发河流；新工厂新工作及这些新事业是怎样创造的；农场与农民怎样得到繁荣与自足自给。……

著者的旨趣在于，要得到新工作、新工厂，肥沃的农田，并不必须于"左"和右两极端之间选择，并不必须于过分集权的庞大政府与无为政策之间选择，并不必须于私人企业与社会主义之间选择。著者相信，有已经考验的民主原则，就有一种哲学、一套工具，适应于这个机器时代，就可以指导人，并支持人，来增加个人自由与康乐的机会。

著者又说："我相信机器与工艺与科学对康乐的伟大潜能。……但我相信由于民主的实践，工艺的世界在全部历史中，已提供了最大的机会，对于个人的发展，照着他自己的才能、志向以及执行自由人的责任的意愿。这儿要有一个选择，用科学作恶呢，还是用科学为善？我相信人能使自己自由。我有些信念都已获得了确凿的证明，因为我已看见它都已有了实质，成了这个洼地与其人民的生活的一部分；而我在本书所写的也就是关于这个。"

著者更总结其经验说："事情能做的有效的最好的方法，而且也许是唯一的方法，就是遵守自然的一体，随顺民主的方法，由人民自己天天积极参加。"这是田洼局这个实行民主设计，科学与生活，工艺与人民结合的实验成就的要义，也是著者在本书中要依据具体实物来弄明白的。"在这一个谷洼里，已证明能够发展出一些方法（著者称为'基层民主'的方法），由此而为更大的快活、更深的经验，为自由创造机会，就在技术进步的路程中。"

说到"遵守自然的一体"，使人不能不想到基督教经典中所说的："你必须知道真理，真理教你自由"。

原著于卷首序言、卷末检名、正文二十章以外，还有附录一篇（原著第 227 页至 241 页）①，专述为专家用的参考书等，大部都有说明，从农业起，至运输研究止，以英文字母为序，总分 16 部门，也是一个很有用的参考材料。据说讲田洼局的书与期刊论文已有 3500 种以上。田洼局的专业图书馆已编有详目，其中一种就是"田纳西河谷洼管理局检名书录"（Indexed bibliography of the Tennessee Valley Authority）。就从讲论田洼局的一般与专业的艺文之多，当也可见世人对于这个开创地、民主地、有计划地利用科学工艺，开发一个广大地区（面积约等于英格兰与苏格兰之和，人口约 450 万）的资源以充裕人生的事业是如何殷切地关注。在世界革命战争的今日也实在值得如此。

这也是本书著者所极重视的一点，在书中"TVA 与世界重建"一章中就有详细叙说。据说近年参观田洼局的已有 110 万人以上，包括差不多全世界每个国家的代表，苏联去的也不少。著者固深愿田洼局成为国际资源开发事业的模型，就是对于世界战后永久和平的条件，田洼局的启示也不在少。著者说："在

---

① 中文版未加附录。——编者注

任何时候，任何地方，统一的资源开发都对每个人有帮助：田洼局就是这个真理的一个证明，而且是一个很容易了解得了的证明。"

凡论田洼局的书，本书参考书目中是不举的。最近出版最可注意的一本，就是英国今日极关心这类问题的著名科学家兼政论家尤里安·赫胥黎博士所作的《田洼局：设计上的冒险事业》(*TVA: Adventure in Planning*，1943 年冬英国持穆建筑出版社出版，182 页，价英币 8 先令 6 便士)。这原是英国有名的《建筑评论》(*The Architectural Review*) 1943 年 6 月号的全号，本书著者在书中曾特别加以称引，并因此说："我们的外国来宾看得特别清楚，田洼局说的是一种世界语，一种切近人民生活中的东西的言语，那些东西就是：土壤肥力、森林、电、磷酸盐、工厂、矿物、河。"如赫胥黎博士所说，"有人正在研究一种一般田洼局型的设施如何可使适合于作为国际的而非一国的机关，又如何可使适应于促进较落后地区的有计划的发展"，也可想见田洼局计划对于中国建立新国家是如何有用。

赫胥黎博士的同道霍尔丹教授 (J. B. S. Haldane) 谈到田洼局也曾说："就是田洼局的规划在苏联三次五年的社会主义建设的庞大计划中，也许也不过仅仅是一个偶然事件，可是它的意义却比所担负的计划的小小范围大得多。"还有英国更年轻的前进生物学家沃丁顿博士 (C. H. Waddington) 在他一本极其可读的小书《科学态度》(*The Scientific Attitude*，1941 年英国企鹅丛书书店出版，128 页，价英币九便士) 中，对于田洼局事业也大力称赞。

著者利连索尔虽自称不是职业作家，可是全书文字却是简明流畅的，就是短短二十章的题目也都雅有意趣。

在这个介绍文之末，吾当时已提到，这本书已由美国国务院委托人译成中文。现在它已由徐仲航先生译出来了。国内正在闹着设立一个相类的 YVA（长江流域管理局?），对于 TVA 已很重视。那么，对于这个译本，想必都想先睹为快的。只是因为交印匆促，不及细心校阅，倘有不妥的地方，再版时当再改正。

至于关于 TVA 的一般叙述书，新近出版的，姑且再举三种，以备有志者参考。

Pritchett C. Herman. *The Tennessee Valley Authority：A Study in Public Administration*, Chapell Hill：The University of North Carolina Press，1943.

Finer Herman. *The TVA：Lessons for International Application.* Montreal：International Labour Office，1944.

Duffus，R. L. *The Valley and its People.* New York：Alfred A. Knopf，1944.

序

大卫·利连索尔

　　这是一本关于明天的书。

　　我今天写这本书，其用意在于希望由此解除笼罩着我们的对于明天的将信将疑、含混不清的雾障。此种雾障，大都是由于言词而起，这里言词都是不与现实一致的。因而我们必须消除这种迷雾的暗影，看到隐藏在这种言词背后的现实。

　　所以，这本书是关于真实的事物与真实的人民的：河流及其如何开发；新工厂及这些新事业如何创造；农场与农民怎样得到繁荣、自足自给。我的意思是要说明：由于在美国这地方所得到的确实可靠的经验，可知获得此种新的工作、新的工厂和肥沃的农田，我们并不需要在"左"、右两极端之间，在过度集权的庞大政府和无为政策之间，在私人企业和社会主义之间，以及在傲慢自大、繁文缛节的官僚政治与少数私人独占之间去选择了。我已在这本书里表明了我的信念，这就是：就在这实验过的民主的原则上，已有了一种哲学，一套工具，适用于现在这个机器时代，足以领导我们，帮助我们来增进个人自由与福利的机会。

这个信念，也就是说：这是能够完成的——假如我们所正视的是现实而不是言词，那么，那种雾障以及由它的虚无缥缈的阴影所引起的恐怖，是会消失的。这个信念乃根据在田纳西河流域的 10 年经验。在那儿，人民和他们的制度机关——在这些制度机关之中，以田纳西河流域管理局为代表的区域开发公司，就是其一——就已经提供了这样一个证明民主的活力的铁证，显示了世界各地人们对明天的预期与希望，这就是 10 年的实际经验，也是本书的背景。

我是一个管理人，并非专业作家。这本书在文字上就不免带着缺点。而且我是在执行工作中写的，常常还是在任何管理人都会遭遇的那些循环不已的"危机"中。我也承认，写到田纳西河流域管理局，我不能完全客观。任何人都不能对这样使人兴奋的工作无动于衷，像我这 10 年来一样。现在开始，我就要告诉读者，在我这本书里，尚表现不出超然中立的论调。关于这一点，我用不着辩解，我相信，这个世界正极需信念。有种所谓不偏不倚的态度，其实必然不可避免地是不负责任的态度，这种态度实在太多了。这本书却表明了信念，拈出了结论。

这本书并不想对田纳西河流域管理局作全部的说明。除了最简单的提纲而外，我没有描写这个事业的工程和技术方面，也没有描写这个流域里的变化对于某个人的生活所产生的影响，在某种程度上这可说是田纳西河流域管理局的历史中最有趣味的部分。公共权力问题，在这本书中提到的也很少，虽然这个问题，在过去曾经是关于本局最受争论的中心。现在对于这个流域来说，显然是已经解决了。

我在这本书中所写下来的，乃是我的信仰的陈述，以及支持这个信仰的事实与理由。

我相信，人们可以学习着工作并与自然的力量相协调，既不要掠夺自然资源，也不在使用方面感到绝望。我相信，机器、技术与科学，对于增进人类的福祉还有很大的潜在能力。纵然这些对于人类精神确有一种加以奴役与阻挠的威胁，我却相信这些危险是可以防止的。我相信，经由民主的实践，工艺界为个体——依照自身的才能抱负以及履行一个自由人责任的意愿——的发展，提供了有史以来最大的机会。用科学为恶还是为善，我们是要有个选择的。我相信，人们能够使自己自由。当我看到这些信念都已有了实质性的内容，而成了这个流域与人民生活的一部分的时候，我的信念更加坚定了，这种生活也就是我在这本书里所写的。

我所陈述的对于田纳西河流域管理局的解释，主要是我个人的解释，因为每一个人都必然地要由他自己的眼睛来看他的经验。但写在本书中的见解与观念，在我形成它们时，我对于许多男男女女们，以及对于生活在这个流域里的大多数的人们，都是深深感谢的；其中当然包括田纳西河流域管理局的男男女女们，以及我好些同仁在内。因为这一缘故，我已把这本书奉献给他们——民主的建筑者——农民、经理、建筑家、工程师、建筑工人、化学师、商人、会计师、牧师，许多不同行业的人们——就以安在本局一些堰闸上的牌子的精神，在那上边，并

没董事会或工程师分等阶的名分表，只有简单一句题词，这就
是："为美国人民而建。"

　　许多朋友，包括田纳西河流域管理局董事会与职员同事，
都看过这本稿子的全部或一部分，并提出很有帮助的建议与批
评，感谢之至！对于两位同仁，我特别要深深致谢：在写作的
每个阶段，本局总经理戈登·克莱浦先生，都给了我许多意
见、批评，以及关于编辑上的建议。他的明晰而丰富的智力，
更给我不少的刺激；本局驻华盛顿代表玛格莱特·涡文女
士，我也是同样特别感谢的，因为她罕有的判断力的影响，
以及编辑上的实际协助，还有许多积极的建议。我还要特别
感谢玛莲·李慕思女士，本书的写作——从我速记初稿到最
后打成修正了的定稿，都是由于她的技巧和耐心的帮助才得
以完成的。

　　也像过去20年里我担任的各种工作一样，我写这本书时也
大大有赖于我夫人敏感的判断。对于她，我是感激不尽的。

　　田纳西河流域管理局受赐于参议员乔治·诺里斯是举国共
知的。实在说，没有他就不会有田纳西河流域管理局。他的政
治家风度，他的忠贞、纯朴，深深铭刻在本局立法史的每一章
节之中。自从田纳西河流域管理局创立以来，管理人都享有吸
取那些智慧卓见的甘泉的特权，那些智慧卓见就表明诺里斯先
生是美国历史上伟大的人物。我还要指出：在本书写作期间，
我的那位同事，哈考尔特·莫尔根先生，我所曾结识的最高尚
又最能包容的人物，他的确是一位通晓全流域一切基本问题的
伟大的导师。

最后，除了本书本文中所见的与个人无关的话以外，我还要再加上一句对美国总统（罗斯福）表示感佩的话。这不但因为他对于田纳西河流域管理局保持地力和地方分权的基本原则给以始终不渝的支持（设立这个事业大部分本来是由于他的意思），而且尤其因为他多年的热心、友好的指示与鼓励。

1943 年 10 月 6 日于田纳西州，诺里斯城，松荫路

第一章　一个流域——一千个流域

　　本书是在美国一条最大的河流——田纳西河流域中写成的。它所写的就是这条河流，这块洼谷，这中间的农田土壤，这山坡上的白色的橡树与松林，这流域的山中所埋藏着的矿产；写的就是关于灌溉这地方田野的暴雨，雨水汇流而成的小川，以至这些小川汇成的这条大河。此外，本书描写了这片洼谷区域的人民，在这块土地上工作的人——制铝工人、轧棉工人，以及站在百货店柜台后面的商人，以及那些照管纺锤和接线头的女工，那些教小孩的学校女教师。

　　这是一个大变革的故事。自从国会责成田纳西河流域管理局（以下简称 TVA）接手开发此区域以来，10 年之中都有怎样的经过，这就是一篇说明。它是这样的一篇故事：一条变化无常的河流，现在就像通达可爱的湖泊的项链了；人民享用它，依赖它生活，一年四季商船通行，企业受其滋养。这故事所讲的，就是从前那些非但无益而且为害的河流，怎样地由于管理而日夜工作着发电，减轻人们做苦工的负担。这故事讲的是因为年代久远而寸草不生的田地，现在变成富有生机、绿叶满野的丰饶沃壤。那儿的树林，从前是任意砍伐、任人掠取的，现在是因加以保护而强壮的小树丛生起来了，正在开始慢慢地成材。这就是一个描写那儿的人民为创造新的洼谷，怎样工作的故事。

现在我写的是田纳西河洼谷。但是这里所有的一切，在任何别的千万洼谷，只要有山有水，有注入大海的河流，都可能同样发生。因为地球上的洼谷，都具有这几种共同性：水、空气、土地、矿产与森林。无论是在密苏里或在阿肯色，在巴西（Brazil）或在阿根廷，在中国或在印度，都恰好有此种情形相似的河流。河水流过了峡谷、竹林与棕榈，流过了荒芜的旷野——泛滥的河流威胁着土地和人民，自身也陷于荒废与干旱的状况中。全世界的河流，长江、恒河、鄂毕河、巴拉那河、亚马逊河、尼罗河都在等待着人来管理。在美国和世界的千余洼谷之中，土地都需要变得更具生产力，高低不平和地势峻峭的土地，平坦如手掌的土地，斜坡，森林，山中的矿产，所有这些，都可以用人为的努力，使人民的生活达于优裕之境。

至于在外国并不再遥远的土地上，千余洼谷中的城市与乡村，生活着不下百种不同方言的人民和许多种族。当经过国境的时候，你可以看见人们都在察看地图，你从中可以发现，他们的法律、法院、护照条例和币制，都是各不相同的。你可以听出他们的语言也是不相同的。皮肤的颜色，家庭和街市的风俗习惯，也都是不相同的。尽管有这些不同，但是人民依以为生的根基是相同的：水与土壤，洼谷中的河川，以及地下埋藏的矿物。任何地方的人，无论是加利福尼亚的还是摩洛哥的，乌克兰的或者是田纳西的，人们都必须建造房屋。所以他们要挖掘矿物、砍伐树木、进行设计。这就是他们全部希望的基础——希望免于饥寒，免于苦工，结束长期的不安定与贫穷。我们此地的和全地球上的千多处洼谷，都有一个相同的道理：每处地方，土地、森林和水，它们的遭遇决定了当地人民的遭遇。

田纳西河以往是一个常常为害的怪物。今天，TVA 工作了10 年之后，它的无限力量，终于为当地人民工作了。这是全世界几千条河流中所罕有的事实。然而，这也可能成为多数的，抑或是大多数的事实。此种工作将在我们的时代开始，并在人们的有生之年，进行到美满的完成之境。在今天，纵使是空想，但只要有适当的组织，一伙工程师、科学家、管理家，几乎就没有不能成功的事情。不可能的事情能够完成，就在这 20 世纪中间完成。

今天，技术专家、建筑家是我们的方向：人们所用以为武装的不是斧子、来复枪和长刀，而是柴油发动机、水压机、巨大的电铲、弯颈蒸馏器——尤其是新技术的出现，现代的精密组织和巧妙的执行。当这些人们有想象力有信心的时候，他们能够移动大山，能够使用技巧开创新的工作，减轻人类的苦役，使耗损已尽的地力重新拥有新的生机和丰饶的产量，把河流也置于支配之下，把大地上的植物和地下的矿物变为魔术般的机器，在现世中铺展生活的道路。

这就是 10 年来发生于田纳西河流域的事情。在这儿，人们把科学和组织技术应用到水、土地、森林、矿物等的天然资源上，已经给人民创造出很大的利益了。正是由于这种技术和资源所产生的效果，全世界的人民可以更好地满足自身的需要了。因此，人民都心怀一种信念，相信他们都能够拥有这些东西——这是构成我们现时代真正革命的内容，是即将来临的这代人的实际的政治优势。人们不复以为贫穷不可免除了，而对于苦役、疾病、污秽、饥馑、水灾以及身体上的疲惫，也都不再视作是鬼神作祟所给予的处罚了。

这儿有一种重要的事实是未来的政治所必须争取的。政治上须有保证，平民运动需要展开，这样，自然与科学之日益增加的成果，才能适应人民的要求。让科学与自然共同服务于公共目标，是可以努力而致的。在此种条件之下，各国人民，将获得技术进步的成果，一如过去10年来我们在田纳西河洼谷中所成就的那样，在现世纪可风行全球了。

况且现在正是讲这类事情的适当时期。人们在进行激烈的生存斗争中，奇迹是作用于试验室和机器中的。一向所未曾想过的事物，亲眼看它实现了。人们因而受了震动，现在几乎没有不可能的事情了。无论是在前线，或在后方，人们总是以恐惧踌躇的心情、以垂涎美色香味的心情，希望着将来。那些作战与生产的（他们的兄弟可能也在作战）人们对未来怀有一种认真的美好信念——那些可以看见的事情，也可以亲自经历。他们也不再为那些抽象的观念所动摇了，他们错综复杂的思想较少，但是比那些知识分子在讲台上所讲的，或政治领袖在宣言中所写的，更贴近于实际生活。

斗争是首先到来的。但是在斗争的另一面，在人类思想的深处，还隐藏着另一种图景：用什么方法把 60 亩地变为沃土？怎样改良植物果实的水化或凝结过程，使之在市场上占最好的地位？如何使采用新式机器的工厂在工作中能够收回成本，并确保其还债能力？在城市里的居民，孩子们能够有脚踏车；学校、医院、教会都有暖气与电光；春天永远不再有水灾；河上有引擎的柴油大船把仓库中的麦子运走；有冷藏库和灌溉用的运河；疟疾蚊永远绝迹。一般人都在说，这些和许多别的事情，到了战后都能实现，因为发明家、化学家和工程师们能够使它实现。在欧扎克（Ozarks）的十字街头，在底特律（Detroit）猎人的幕帐里，在福尔里弗（Fall R.）的公寓里，在里奥格兰德（Rio Grande）河经过的油田里的人们，在威尔士的煤矿里，在利兹（Leeds），在曼彻斯特，甚至于在恒河岸上的村庄和重庆的防空洞里，都流行着这种说法。

我们的信念被伟大领袖的言论所支持，被自由、繁荣与民主所保证。这种言论，只有把它引入到人们的家庭中、农场中和商店中，它才能发挥那实际的感动人的力量。这种言论是否是在说，男人女人以这样的苦役来谋生，还不能经常获得胜利吗？将不至于常此困厄常此痛苦吧？假如他们时常陷于这种饥饿状态，农场的土地又与他们有何关系呢？提炼五金的矿物，建造房屋的森林，又有什么意义呢？很久以来，妇女们一向是每天用吊桶提水的，现在采用抽水机了，这意味着什么呢？穿过这洼谷的河川，假如能由河水的流动推动新工厂的机轮，这又是如何有价值呢？这都是那些有志于新技术的青年工程师、化学家和受过军事训练的机械师们的工作，是那些怀抱着新城市理想的建筑家和工程师的工作，是那些怀抱着新式医院和改良营养之理想的医生们的工作。

那些使人感动的理想，其用意安在呢？他们的用意自然远非保证与空谈可比的，虽然他们也是坦率直陈、雄辩滔滔的。这是做实在的工作，一种已经有了若干经验，并且有足够的人才和技术的工作，因而允诺的言辞才能够见诸实际，这乃是现世纪庄严伟大的作业。

但是每件事情的成败都要看做法如何。

工作执行时的精神，工作的目标是为多数人的利益还是为少数人的利益，方法的选择取舍，这都是决定人们到底将生活于自由与和平之中，还是很快地把资源消耗殆尽，或是加以支持扶助，有所收获，不仅仅为着自己，而是为着将来的一代。

科学与技术之成就，在今天可能并不产生利益，而且还可能有害处。除非使它怀抱着一种道德目标，并且实现着为人民本身而谋取利益的理想。若是没有这样目标，则技术的进步，也许会成为人类精神上的灾难。把原料出产区工业化，对于普通人，可能仅使他们变成一种新式奴隶，同时毁灭民主制度。

但是，单只是此种道德目标，还不足以保证资源的开发是幸福而不是祸根。根据 TVA 在此洼谷中的经验，为着使此种目标行之有效，我提出两大原则：

第一，资源的开发及其管理必须顺应自然。

第二，人民必须参加此种开发的活动。

我想我们可以肯定，具体的工作在完成的过程中。然而在进行之时，假如忽略了自然资源整体，则一切代价将以用尽耗竭的土地，砍伐过度的森林，毁坏了的河川，以及恶化的工业来偿还。而且，此种巨大的工作，假如人民拒绝积极参加，则今后他们仍或穷困或繁荣，只是不能获得自由。

这种资源开发工作的进行，是否必不可免地只能由极端集权的政府来指导呢？是否是必须由少数特权阶层的经理、专家或政治家们来进行呢？那些对于民主政治持失败主义态度、愤世嫉俗的犬儒学派，执迷不悟和已经失效的自由主义者，对于人类失了信心、只是迷信武力者，他们是会这样肯定的。完成这种工作，除了毁坏天然资源使各处丑陋不堪；使森林成为残废；使河流变为污浊的沟渠；使土地、水与人失了协调而外，就再没有别的办法了吗？那些因贪得无厌、眼光短浅、无知无识的人们说："是的，事情就是这样的。"

在此洼谷中所得的经验，对于上述的欺人之谈，以及抱有此种见解的人将给出答案。我即将在此书中进行说明的正是这样一个回答。TVA 全部经验的要点，就是欲使此种工作有效地完成，必须以民主的方式，使人民自己每天积极地参加。将自然作为一个整体去观察研究，这是最好的办法，或者也可以说是唯一的办法。

在田纳西河洼谷中都已进行了什么事情，以及我在此书中所要叙述的，乃是详细的、形象的、个别的，是可被看见、被评估、被分析的一些事物。有一件是值得普遍讨论而大书特书的事情，即 TVA 的创立。直言之，乃是实验的性质。它是在一种探险和革新的精神下管理着的，然而这并不是那种乌托邦的

"布鲁克农庄"（Brook Farm）① 的实验。我们绝不想逃避到那单
纯的过去，或幻想那奇异的将来。TVA 与这洼谷，伴随着一切
错综复杂和艰难困苦去面对着现实。

TVA 所代表的民主的发展方式，是特殊的，然而它是深深
地植根于美国地道的传统和一般经验的。他们的方法，与那些
被私人企业与公营企业所惯于雇用的人们的方法是不同的——
虽然 TVA 的实验是遵守着美国现行法令的，但它不需要美国宪
法有何修改，国会可以全权管理；财产权和社会制度，也不至
于遭到剧烈的改变。简单说来，这洼谷中所生的变化，是在典
型的和传统的美国条件下，而不是在那种永不兑现的、实际并
不存在的"空想"条件上进行。

TVA 宏远的目标和特殊的方法，是构成此种学业的最重要
的部分。这些将给其余的美国人和那日渐增加的其他国家的负
责人士极其有用的贡献，他们和在此洼谷中有 10 年历史的我
们，同样关切这些问题。

只有在此种目标和方法之下，我们对于和平与自由的要求
才有回答。此外的一切——"原则"上的：经济与财政、美元
与英镑、关税与捐输、失业保险、健康计划、新式机器、新式
模型、新式化学工业、新式电气工业、民主政府，甚至于重要
的国际协定——凡此一切，都取决于我们所做的决定和我们明
天所要进行的基本活动的程序：开发土地、水与空气等等资源，
并且以现代的技术、科学和组织的力量，深入到土地之内。

----

① 历史上最著名的超验主义乌托邦共同体之一，发起人是牧师乔治·瑞普利，
1841 年成立，1847 年解体。——译者注

第二章　使河流为人民工作

　　这里较之 10 年以前是完全不同了。走到任何一处，你都可以看到这种改变。你可以看到沿路的电线，新刷色的房屋，农村中新设的电力抽水机，还有路口上设置着的冷藏所，以及锯木厂和研磨机。你还能看见今天矗立在那里的工厂——那儿几年以前是地力已尽了的农田和鳞次栉比的茅屋。现在你能看到市镇边际的新房舍成千上万，房东们每年只需去收几次租，其数目即为其过去一年的收入。

　　如果你乘坐飞机来到这洼谷的上空——像我在这 10 年中所时常这样做的，你就能够见到所有变革的大部分。从 5000 英尺的高空，观察这些巨大的变革，那显然是不会看错的。一幅生动的、使人兴奋的图画，展开在你的眼前：你能够看到那高低起伏、层次鲜明、筑成梯田的山坡，它使雨水不至肆流，而是缓缓地流入最近的出口处；你能够看到那灰色的堤坝，那种坚实的标志跨过河身，从前是红黑色的，因为被腐蚀了的泥土所冲积，现在已呈深蓝色了。你能够看到那带着两只拖船的汽船，开到新河的尽处去卸货。你走到那儿的每处地方，都会看到那钢制的输电塔，一种 20 世纪的电塔，矗立于 18 世纪的山中茅舍的旁边，这正是此种变革的象征和概略。你今天若是走进田纳西河洼谷中，这就是你所能看到的一切。你又能够看到，各处尚未完成的工作，其范围至为广大，那就是这个洼谷将来的问题和前途的展望。

　　一个专业人才，对于他兴趣所及的事物，是要多加注意的。TVA 所代表的，是具体的工业成就；是在一个广大地区中，以水泥与钢铁，以复苏地力，以重建森林写成的记录。在短短的几年之中，改变了水改变了地面，由此可见现代科学所能产生的伟大效果。此中工业的故事，被精心而详细地记录在许多册的科学报告中。这些报告由田洼局的工程师们、农学家们、城市建设家们、化学家们、生物学家们、森林学家们、公共卫生专家们和建筑家们共同写就。

　　这些专业的报告书，会使专家们产生兴趣。至于普通公民，可以从另一种报告中知道此处变革的真相。那就是：新的私人工业在这里建设起来了；从前倒闭了的企业复活了；人民手中的钱多起来了；税务的弊端减少了；银行存款增加了；市场的购买力加强了。这些趋势，在这次战争爆发之前多已经明显确定了。公民们可以从公共图书馆或公园的阅览室中，看到这 10 年来变革的记录，那真是前所未有的。医院更多了，卫生单位几乎增加了一倍，肺痨病、疟疾和因贫穷而生的疾病都减少了。从那些出版物中，可以看到那电力输送到农村地区，其电线长度以及人民用电总量，也提高得很快。凡此一切，在美国都是史无前例的。本质较为优良的食品的出产，每亩土地产量的不断增加，以至河上运输吨数的增加，人们还都能记起。人们还可以计算，种植在森林中的千百万株幼苗，是有很大的潜在价值的。人们还可以见到，那最新创建的"南方大湖"，几千英里长、树木繁茂而未经毁损的湖岸线，在群山环抱之中，一池深蓝色的湖水，生活着无数的游鱼，这是一幅多么幽美动人的景致啊！

这种景致和记录，正是反映着这个美丽的洼谷发生了怎样的变革，几百万的美国人的生活也由此改变了。

这一个变革的故事，是从河流开始的。在地图上，看到由山谷流水形成的五条支流，每条支流都自成一条大河，即布罗德河、霍尔斯顿河、海沃西河、小田纳西河及克林奇河。这都出自雨量充足的美国东部的一条主流田纳西河。从地图上看田纳西河主流，形似深弯的新月，河源及其东部倚于阿巴拉契亚山脉；月弯的一端，把亚拉巴马北部切去了1/3；月弯的西端，穿过平原，拱入田纳西和肯塔基两州的西部。田纳西河并不是流向一个共同的方向，而是指着三个方向的：最先流向南方，流至半途折向西方，最后又转往北方了。来到这儿的人们，差不多是一致地注意这地图上的河流，那一股顽强不屈的水势，好像是逆坡而上似的：从田纳西州的诺克斯维尔，浩浩荡荡行了650英里。那新鲜的树林，生长在伟大的烟山上。这是美国东北部通达肯塔基州帕迪尤卡洼地中间的最高山峰。从那儿通过俄亥俄州，你就可以看到伊利诺伊的田野了。

穿过这洼谷的河流，实际是经过南方7州的：经过沿海西部的北卡罗来纳和弗吉尼亚两州；经过佐治亚、亚拉巴马和密西西比三州的北部；经过肯塔基西半部与田纳西州接壤，北至俄亥俄的地方；而田纳西全州差不多都有这河流经过。根据一种不甚准确的统计，这个区域东起阿什维尔（Asheville）的山上，西至水流迟缓的密西西比河上的孟菲斯。至于南北两面，则起自往昔为汽船停泊、笛声相继的俄亥俄州登岸地方，以迄密西西比河的棉田和熔矿炉火光烛天的伯明翰州——地域面积约等于英格兰苏格兰之和，人口约为 450 万。

这就是筑有 21 个水库，正在人民手中管理着，为人民工作着的田纳西河流域 TVA 的水道系统。为执行此种工作，设计并筑成了 16 个新水库，其中几个在美国是最大的水库。5 个已有的水库，已经加以改良或整修了。TVA 一个老练的木匠——曾参与 7 个水库的建筑工作，对我说过："这是一件最难做的大工程。"我虽然没法为他的话找证明，然而在建设和工程上说，这的确是一种最大的工作，在美国历史上，任何一个单一机构从来未曾这样做过。

酷暑与严寒、疾风骤雨以至在秋老虎的炙热中，百十万人与他们的伙伴驾驶着牵引机器，做着砍伐、铲除、拖拽等工作，清理了 17.5 万亩以上的田地，那即是现在为湖水所淹没的地方。他们修筑并改造了 1200 英里以上的公路，将近 140 英里的铁路。他们开凿将近 2000 万立方米的岩石和泥土，用于筑造水库基石。他们使用最大的电铲和几千吨炸药，开掘的体积之大，足以容下 20 座百层大厦。为着驾驭这条河流，TVA 将 1.13 亿立方米的水泥、石块和土投入河中。

为理解这些数据，我们需要做一番比较。上述 1.13 亿立方米的材料，已经是埃及7个大金字塔总体积的12倍还多。使用于TVA水库的材料，单仅水泥一项，已有巴拿马运河全部水闸和建筑物的2.5倍，是博尔德（Boulder）水库的4倍，比大古力坝（Grand Coulee）多出了120万立方米。以同样多的材料，能够筑成像苏联第聂伯河大坝（Dneiper Dam）一样大的7个水库。大古力坝是纯石工建筑中最大的一个，博尔德水库仅居其次。前者工程进行有8年之久，参与工作的有10家最大的私人建筑公司。后者施工时间5年，共有6家最大的私人建筑公司合力参加工作。

假如以完成田纳西河流域全部水库所需要的材料，以单一组织来工作的话，就能筑成博尔德那样规模的水库35个，或者大古力坝那样规模的水库10个。TVA的职员们，在1942年同时设计并建设的水库有12个，改建了4个，计划了1个南方最大的汽机发电厂，建筑了几处化学工厂和兵工厂，所用男女工人总计4万。

建筑家的工作，是把一条水道渊深的河流，改造成为能运输大量货物的水上公路。1942年经过水闸的运输量在1.61亿吨以上，这是与军队工程团合作，把船只由这一个湖面移到另一个湖面。1928年这条河的运输量只有4600万吨，而1933年也只有3200万吨，大半是运输细沙、碎石和几种森林产品，还是仅往返于邻近地方的短程航行。

到今天，那巨大的新式拖船装着伟大的"狄赛尔"式柴油引擎，推动着双脊梁的大船，往来航行、载运货物原料品再也不受限制了。钢板钢条和棉制品从伯明翰向北运来，谷类从明尼阿波利斯运来，还有千万吨的汽油、煤油、机器、普通商品、汽车、军用运输车和吉普车随之而来。据估计，1945 年，当运河工程全部完成时，全年之中，全河各处皆可通行无阻。从事航运业者，每年可有 350 万美元的盈余。

从前寂静的产棉的市镇，现在是人来人往的码头了。新兴工业沿着水道运输而繁盛起来，这是常理。几百万元资本投进去了，几千万种事业创始了。新式的碾谷机、面粉厂、煤油站，沿岸建立起来了。在亚拉巴马的迪凯特城，几年之前农民种谷种棉的地方，现在起了大船厂，造起远洋航行的大船，经由惠勒湖（Wheeler Lake）驶入北大西洋了。

这些湖上，还有几千只新制的各式各样的游艇，富丽的快艇、帆船、木制小船等等。9000 英里长的沿岸线——超过美属大西洋太平洋以至墨西哥湾海岸的全长——这已足以成为人民休养生息的基地了。沿岸地面数千里全都建造公园，以供全国各州、各城市及 TVA 享用。有 50 多所船坞，专为满足全国各地渔人的需要。由于实施了富于耐心的科学方法，使自然界发挥了作用，鱼的数量大为增加：湖泊中的鱼已是从前 40 倍之多，而大河水库中所有的鱼也是从前的 15 倍之多。在这些湖中捕到的鱼有 40 多种，这数目与大湖中的情形比较起来，已经是不相上下了。这真是一种繁盛的实业，1943 年出产食用鱼 600 万磅，以后并可增加产量至每年 2500 万磅。

在田纳西河洼谷的人们建造这些水库之前，农庄与工厂每年都遭受水灾的威胁，河岸两旁的每个市镇、每个村庄以及铁路，都建筑着防水堤。今天，算是有了保障，田纳西河洼谷每年一次的危险消除了。由于地方保护工作的实施，从几方面说，这地区是十分安全了。即使是有史以来最大的水灾，也能够抵御。由对田纳西河有控制而采取的保护措施甚至影响到洼谷以外的地方。因为田纳西河不再使那滔滔的急流汇入到洪水之中，俄亥俄河和密西西比河的下游再也不会造成破坏严重乃至决堤没岸的大灾难了。

在地球上其余的千数洼谷中的人民，他们生活在恐怖之中，河水每年给他们带来财产损失、苦难与死亡。然而这里的人民是平安的。1942 年冬季，洪水流入这洼谷中的田纳西河与弗吉尼亚河，那时假如河流的工程还没有完成，洪水势必造成严重的灾害，在下游的查塔努加（Chattanooga）至关重要的军火工业机器，亦将因水所淹没而停止工作，这样的话直接的损失将在百万美元以上了。

但是 1942 年的情形是特别的。TVA 本部向各地水库发出命令，消息很快传至北卡罗来纳深山中海沃西水库管制室的技师："将海沃西河水全都收回来，不要再流入田纳西河中。"技师一按电钮，铁门关闭，河水随之停流。发给霍尔斯顿的切罗基水库的通知说："使霍尔斯顿的水回流。"发给查塔努加的一个危险的工业地区奇克莫加水库的通知则是："把水放出，以备上游的水注入。"

人们在他们每一个水库的管制工具旁边，接受上级命令执行职责。每条支流放出水的数量，是受着精确管制的。田纳西河是握在掌中了：没有破坏，没有恐慌，工作没有阻碍。大部分的水在经过涡旋轮里放出来时，非但不再破坏这洼谷，反而能发出不少的电了。

负责观测水位的人，送达报告给水库的技师。运作此项工作，依赖一个精密的组织系统。对雨量与河流水位的观测，可以预知次日水位的高度。各个流域总计有 300 个管理站，用电报、电话和短波无线电，送达关于水位观测的报告至 TVA 观测部分的负责人。下面的一个例子，是 1942 年水势危急的时候，弗吉尼亚的门多塔地方附近的巴克的一个报告：

　　　　水位 3.84 英尺，雨量 1.17 英寸。

这就是说，在报告发出的时候，水位是即时所记的数字，当时正在降雨；而在过去的 24 小时内，雨量为 1.17 英寸。

报告从很远的几百处雨量观测站送来，这些电报有的是农民的老婆传来的，有的是路旁铺店的商人传来的，还有樵夫传来的。从几乎是人迹罕至的深山间的河川中，使用 TVA 自制的精巧的短波无线电机传送报告，一向没有人为的阻挠。所有的报告，都是由工程师一一加以整理审核。所以他们很准确地知晓，以后的每一天将有多少水量流进某某河。今天报告和昨天的核对一番，明天的再和今天的重新核实，于是最正确的专家判断送至河道管制室；每天都有多大水量汇集到佛兰西布罗德河、霍尔斯顿河、克林奇河、海沃西河中，就变得清清楚楚了。

工作的指令发出去，使水流入或放出，以适应田纳西各处的紧急需要。此河由海湾至发源处，等于密西西比河自发源处至新奥尔良一段之长。田纳西河全段都在受着管制，当此一水库存水过多时，就把它放入另一水库中，全洼谷由此得以安然无恙。

这种情形，在其他各河谷并非如此。如某新闻社于 1943 年 5 月 13 日发出的消息，可以作为一个例证：

> 本周四，大小河水同时上涨，淹没 6 州低地农田百万亩以上，春谷皆葬身水中，公路亦不能通行，最少淹死 7 人。

> 灾区延及阿肯色、俄克拉何马、堪萨斯、密苏里、印第安纳及伊利诺伊各州，致使数百农民无家可归。

> 兵工厂技师等已于水灾到来之前先行撤退，彼等显见抵抗洪水已成绝望，于是接二连三放弃其堤坝。

几天以后，即 1943 年 5 月 27 日，《纽约时报》上有这样一段记载：

> 在淫雨连绵的五月天里，伊利诺伊、密苏里、阿肯色、俄克拉何马、堪萨斯及印第安纳等州，水灾泛滥地区达 392.6 万亩，死亡 21 人。此为 1937 年以来，美国中部最大的水灾。当时俄亥俄及密西西比两河谷中遭难无家者达 100 万人以上，死亡 466 人。

此种情形，全世界各国大致相同。又如 1943 年 8 月 7 日印度新德里的报纸所载的：

> 过去一周中，由于喀里河水泛滥，近百村庄突遭水洗，估计有印人一万惨遭没顶，而英属阿杰梅尔—梅尔瓦拉省将及 1/6 地面沦为泽国矣。

于是，1943 年秋天，紧随着这次大水灾之后，引起了饥荒。

　　世界上的大河，像这样完全在管制之下的，除了田纳西河而外，再没有一条，也再没有一条别的河像这样尽力地为人民工作。因为今天，它这样英勇地献身，推动那巨大的水车。在TVA的发电厂中，水力发动机与蒸汽机将其转变为电力，这就是田纳西河最大的贡献。

第三章　120 亿精灵

在 TVA 建造这些水库以来的 10 年中，这个地区已成为美国第二电力制造区。1944 年，这个系统预备发电 120 亿千瓦时，这差不多是美国参加第一次世界大战时，全国用电力总量的一半。

这个数字对于人类有着深长的意义。我们必须记得：电力总量全掌握在人民手中，即成为人民支配其资源的现代手段，是他们最好的、唯一提高生产的方法；是他们工业化的机会，也是他们今后可能达到的希望。1 千瓦时的电力，是现代人的奴仆，它完全为人类工作。每 1 千瓦时的电力，估计等于 10 个单位时间的人的能力，于是全洼谷 120 亿千瓦时的电力，正可以视为将 120 亿万人工时间使用在这块仅有的地方！这就是在电气时代，使人类能力增值的方法。

10 年以前，在 TVA 区域之内，人均发电量为全美平均数的 60%，现在为全美国平均数的一倍。过去 10 年中，人均发电量总数增加了 500%，高出全美增加速度的 2 倍。过去 10 年中，据可靠的资料估计，之前田纳西河洼谷地区每人每年发电量只有 400 千瓦时。1943 年增加 5 倍，为 2400 千瓦时，同时期全美人均每年的发电量仅为 1530 千瓦时。这数字是区域内的人数除该区所产总电量得来的，与我在后文即将论及的每一家庭所用电量的平均数不可混淆。

使未开发的国家工业化，必须从制造电力开始。苏联的事实就是这样的，甚至就在 1935 年（最近数字不可靠）人均发电量只不过 141 千瓦时。中国的数字仅有 5.1。人均享有很高的发电量水平，是工业社会所必需的。

然而，田纳西河洼谷的电力，都用到什么地方去了呢？自从法国打了败仗以后，大半是直接用于军火生产了。电力是现代战争的命脉。我们以铝为例就可以证明这一事实。洼谷的电力，已经为美国飞机制造业产生了大量的铝，在战争的重要时期，洼谷出产的铝占全国总产量的半数以上。铝几乎全是借电力而生产的，制造一架大的轰炸机所用的电力，等于全国平均每个家庭 400 年间所消耗的电力。

TVA 将生产的电力提供给军用，制铝工业只不过是略举一例而已。在这次欧战爆发之前，从 1933 年起，这儿有 6 个基本原料的工厂，单仅它们所用的电力，就足有波士顿或者匹兹堡全体人民与全部工业所用的电力之多。此外，全洼谷上下各处，还有很多小工厂及它们的燃烧的锅炉、发动机，都是依赖于控制中的田纳西河的水力。这些工厂，有五金工厂、食品工厂、纤维工厂、木器工厂、化学工厂、飞机工厂、锅炉工厂、防毒面具制造厂和炸药厂。TVA 自己的化学工厂，现在也把电力使用于军事目的：制造发放烟幕的材料、炸药、燃烧弹及橡皮。

使用于军事目的的那些电力，还是要持续供给，一直到战争胜利为止。全洼谷都要准备这个日子的来临，以便化干戈为玉帛，再把那用非其道的人类精力，重新用之于建设这一块和平的乐土。

田纳西河的电流，通至全洼谷的各处。区域内 7 州的农村，用电的共有 8.5 万处，平均每 5 处农村有一村用电的。10 年以前，密西西比州用电的农村为 1%，佐治亚州为 1/36，田纳西州和亚拉巴马州为 1/25。在最近这 10 年之中，全国与这一地区都以同样的速度，增加了 3 倍，我们的前程还是很远大的。到了战后，电线与器械又充足了，这一带的农村，又将大踏步地前进了。再过 10 年，田纳西河洼谷的农村中还没有用电的将寥寥无几。

在万千农庄与万千农家之中，你可以看到已因电力所取得的那些变化。厨房中有了冰箱，水是由电力抽水机打上来的。老太婆与年轻的女人，用不着再拿桶子提水。仓廪中设有干草器，路旁的店铺中放着冷藏器。还有公用的食物除水器，小发动机推动磨碾机及锯木机和车床。电气用来腌制火腿、蒸制甘薯及冷藏鲜牛奶。

1934 年，在密西西比州的一个小市镇科林斯（Corinth）的一家木器店背后，成立了 TVA 合作社，农民们通过这一特殊组织，参加 TVA 的部分工作。这就是在机构遍布全国的"农村电气化事业管理处"① 指导下成立的质朴的模范的农村合作社。现

---

① 原文为 REA 系 Rural Electrification Administration 之缩写，译为农村电气化事业管理处。——译者注

在田纳西河洼谷的五州地区，共有此种合作社 45 处，住在那儿的人必须出席参加其中一个合作社的年会，借以了解电力所引起的一切变革。因为发动机与器械，毕竟不过说明了事情的一部分而已。

我曾全天参与这种聚会，2000 多个农民，带着他们的小孩与妻子，讨论 TVA 当局与董事部所提出的金融和工作报告。随后我们吃一顿野餐，看了一次电器新用途的表演。有些电器企业的规模颇大，有一个企业投资总额将近 200 万美元，员工7500 人；另有一个资本为 125 万美元，员工 6700 人。这些员工参与的会议，就不单具有业务方面的意味，而是另有一番情调的；对于人民实际上更有无形的意义。因为许久以来，这里的人民对于以现在的精力用于厚生之道，还没有完全接受。可是他们邻近的人们，对于这些已经是老生常谈了。会议中所谈的，仍然是归结到"在我们战胜"以前，在电杆还没有竖起、电线还没有架好、电灯还没有发光之前的这些艰难困苦的日子里，我们还必须支撑下去。

你可以注意一下，市镇居民，几百小村庄、大镇和 6 个州中较好的城市，是怎样经历电力给他们带来变化的。这些区域中的 50 万个家庭和店铺使用他们的河流发出来的电，这些电是由 129 家地方公营的代理店向 TVA 电厂批发来的。这些事情，真是在电力史中未曾有过的。此地区的各家各户，在 10 年以前，他们用电极尽节约之能事，甚至于还有很多人家根本就没有用电。而用电人家主要是用于电灯、电熨斗和无线电。但时至今日，用电的人家和用电量都同样地大大增加了。

　　世界上只有几个地方，它们用电是如此之广的。比如，查塔努加（Chattanooga），每10家有9家是架设了电线的，现在也有了电器和冰箱；在诺克斯维尔，每4家总有3家架设了电线；纳什维尔有半数的家庭装上了电线。全洼谷上下各处，在许多小乡村，在城市中，在农业地区，情形都大致相同。TVA第一批12个配电人记录的家庭用电册子上可以看到，地方公共代理店很方便地取得许可，以低廉的价格把TVA的电力转售给各用户。当这制度开办伊始，平均用电比全国的记录低，仅有17%。两年以后，平均用电记录提高146%，较之全国各家庭平均用电数字高出77%，当时全国的记录只提高了15%。此种增加的情形，可知已往的努力并不是徒劳的。在1942—1943年之间，依赖着TVA里12个基本的配电所供给的电力，全洼谷用电量增加了196%，同一时期，全国范围增加的数值仅为63%。

　　用另一方法来表明这种变革的影响，就是统计第一次用电的都市家庭的数目。在12个基本配电所的管辖下，用电家庭的数量增加了58%，同一时期全国范围增加的平均数只有6%。1934—1942年之间，全国增加的数值为31%。反之，12个配电所所在的乡村用电家庭的数目，则较之1934年增加了232%。

　　田纳西河电能利用的分布，自然不是每个乡村都一样，可是结果倒是相同的。有些乡村，用电百分数的增加真是可观：在某些情况下是200%至300%，而在另一些情况中还要更大。在TVA所属的、已经发电2年或2年以上的84个城市配电所中，用电家庭的数量，只有3家是例外，其余统统超过了全国的记录，即1942年为1022千瓦时。这里42个城市和乡村中，用电家庭的平均数量，较之全国的超出了 50%。在另外的 13 个乡村中，用电家庭的平均数量，较之全国超出了 100%。

人们怎样才能够考量，这洼谷使用电力的空前变化呢？为什么用电比别的地方多，而收入仍然很高呢？要解答这些问题，主要在于人们对于电要另有一种新的想法，这是低价原则的最好体现——伴随着电力的广泛应用。这种"宁多勿少"的原则是 TVA 创立的，国会使 TVA 担负起贮备丰足电力的任务，以供广泛应用。TVA 全部法制之道德的背景，就在于使大多数人民受益，因此被委任制定了特别法。

为实现法律制定的政策，使电的用途被广泛普及，除了在电气工业方面曾有几种例外，TVA 需要彻底打破固定电费价格的办法。1933 年 9 月，我们宣布的电费价目表，根据后来一般的见解来判断，实在是过于低廉了。那时候之所以把价目定得低廉，是基于一种原则即不要使人民吝啬于用电的开支，目的是在使他们毫不吝惜地广泛使用电力。为达到使人民广泛使用的目的，电费价格自然需要大幅降低。此种办法，我们相信在财政上是正确的。正因此举，人民才实现普遍大量地使用电力，而配电所的收入也随之增加。证之以亨利·福特规定他第一批出品的汽车价目的例子，更见得此种经营原则是正确的。凡在大众生产的领域内是获利的事业，则电力供给也必然是获利的。此外，普遍地使用电力，还能提升洼谷中人民的生活水平和获取财富的能力。

体现在 TVA 价目表中的特别电费价格，较之全国任何地方的电费，都不算高。其他任何公司的电费价格，都比 TVA 的高，因此证明它们是重利勒索者。全国各处的情形，是各不相同和变化多端的。洼谷所提供的实例，是具有重大意义的尺标，这儿所体现出来的电费之剧烈降低，造成今日各家庭各农庄对于电力产生了有增无减的需求，这从消费者和电力效用上说是两有裨益的。

毗连于田纳西河洼谷地区的私人企业的经验，是饶有趣味的。TVA 宣布了低廉电费价格之后不久，附近东南方的私人企业，为适应环境起见，把它们的电费价格也大幅削减，于是马上引起了用户用电量之惊人的增加。在这些私人公司采行 TVA 的原则一年以后，虽然它们并没有很快把电费价格降得很低，但是自此以后，全美国 6 家私人公司中的 5 家——在东南地区，发电量提升得特别快。

随着这次降价，邻近地方的那些公司在销售电器方面，马上超过了全国其余地方的同业水平。举例说，佐治亚电力公司在全国电业公司中，仅居第 23 位，减价的第一年比其余各公司多卖了许多电冰箱，而电热器的出售竟占第 1 位，电梯居第 2 位。和它毗邻的田纳西电力公司，在全国同业中序列第 13 位，紧随着此次电费减价之后，地位马上上升：出售电梯，是全国的第 1 名；出售电冰箱是第 2 名；出售电热器是第 3 名。田纳西电力公司，仅有固定用户 10 万家，出售家用电器却比收入高的地区如纽约及伊利诺伊州的各公司多。

TVA 所定的标准费率，当时引起一阵大争论。单是这个问题，曾记录下许多文字，我在此书中不想再讨论这个问题。此种电费标准，正确说来，已经并且正在继续为公共目的服务。

它曾经引导全国以现实主义的精神，重新试验低廉电费在财政上的可行性。它曾经建立了一种事实——人们认为这是可能的，即私人企业把电费价格减至 10 年以前的水准以下，仍是有利可图的。

在田纳西河洼谷里，此种电费价格的尺度，现在还在下降的过程中，在城市、在合作社的配电所中，还握有大批的多余的现款，所以电费价格下降还会继续下去。到了战事结束之后，它们多半都将把电费价格普遍减至比 1933 年的水准还低 25%。现在私人企业所收的电费价格，并不特别高于 1933 年 TVA 所宣布、随即以"不可能"的理由决然声明取消的电费价格。在成本较高的时期，TVA 把利益让给私人公司。全国住户的平均电费价格，1933 年为 5.52 分；1942 年为 3.67 分，这就是说，较之 1933 年的水准降低了 33.5%。

全国基本用户付出的用电平均价格，从 1926 年至 1933 年——即 TVA 创立之年，7 年之中只下降了平均水准的 2%。在 TVA 创立以后的 7 年之中，电费平均价格降低了 23%；1942 年全国普遍下降的电费平均价格，实际为 1933 年的 1/3。

当然，人们现在无法证明，没有 TVA 大幅降低电费价格的商业示范作用，此后几年私营电力公司的电价是否也会很快得以修正。忽视了 TVA 和其他力量同时发挥着作用这个事实，或不重视这样的现实也将是教条主义的表现。这些年降低电价的同时，生产和电力分配的成本也发生了急剧变化，这种此消彼长的关于影响了电力方面所有公共和私人的合作。

考虑了所有不同因素之后，三个简单的事实已经出现：（1）

电力价格发生了急剧的变化；（2）用电量令人惊异的增长已如预期发生了；（3）之前的行为准绳都不能与现在已经发生的相提并论。

　　关于这个问题引起的尖锐论争，现在不妨留待历史家和那些纠缠于故纸堆中的人们来研究吧！人们一读此书，可知减低电费，只不过是 TVA 历史中的一部分而已，至于这流域的全部事迹，且容我继续介绍吧。

第四章　土地生出新生命

　　这条河流现在是变了，它的确在工作。但是洼谷中万千亩的土地，正是人民生活所寄托的地方，却在逐渐失去生机，人民假如是理性的，他们必须使土地重新肥沃而多产。因为在这洼谷里，较之美国任何别的地方，有更多的人民依赖每一亩农田为生。农场的规模，一般都比较狭小，平均只有75亩。但农民的家庭却很大，其人口出生率在美国又是最高的。许多人民生活在地力枯竭的农田上，这就是10年以前的景象。假使开发资源之道德目标是获得人类的最大利益的话，TVA 就要如它改革河流那样，不得不负起改良土壤的责任了。

　　土地正在变化中但这是一个缓慢的过程。大规模地使用现代机器，用以再造世世代代丧失了生机的土壤，这一种特别的工作，其进行的历程是不可忽视的。但是在这短短的几年之间，你已经可以看见到处都有各不相同的变化。沟渠已经得到整理，水流冲毁的崖岸已经在从容不迫但扎实稳固的修缮之中。若干已经毁损而尚待整理的地方——反对者所争辩过的、10 年的复兴工作，显然已经完成。深绿色的青苗掩盖着地面，牧场、草地和尚未开割的裸麦与燕麦，到处都是丰收多产的景象。把河岸做成斜坡，铺上席子，撒下种子，铺上草皮。这些工作，使万千亩被冲毁的河岸得到了保护。以壕沟分转水流，以小水库调节水量，万千的壕沟和水库都在帮助控制着地上的水流，驾驭着水流使之浸入到土里，滋养那新种植的草与树木的根苗。几千亩的地面上，普遍栽植 TVA 自己苗圃中培养出来的 1.5 亿株子生①树木。

农民在百余万亩的农田上筑起了台地，其设计样式优美，把洼谷造成了一幅新的图画。此种美丽的景色，让杰斐逊②在欣赏了他的故园蒙蒂塞洛③的农田后喊出"美的极致是任何东西都不能胜过的"。农田上如波浪起伏的美的曲线，沿着小山，随着洼谷蜿蜒而来。

2 万家私人农场，总共将近 300 万亩的土地，在 TVA 的支持下，采用了现代化农耕方法。这些农场运用科学技术，好像魔术般地开矿，制造并利用磷酸肥料，使用电力与机器。这些农场，虽然面对着一些显而易见的个人危险，但很愿意尝试这种农业改革的途径，这与仅着眼于谷物产量绝不相同，因为这是很重大的人类的实践。

---

① 即以种子繁殖的树苗。——译者注

② 杰斐逊（Thomas Jefferson）是美国第三任总统，自幼即获得民主思想的陶冶，1789 年任驻法公使时，亲见法国大革命，对于法国人民及其革命运动，寄予热烈之同情。于当时美国民主政治之建立多有贡献；美国独立宣言即由彼起草，主张农民民主。他还是弗吉尼亚大学的创办人。——译者注

③ 蒙蒂塞洛（Menticello）是杰斐逊的故乡，在弗吉尼亚州沙罗次维尔附近，家宅建筑富丽堂皇，施工 25 年，内有招待所、法律事务所等设备。——译者注

　　这些拓荒者自称为"实验农民"。他们有自己的组织，即众所周知的农业改进协会以及另外一些性质相同、名称相近的团体。这类团体是怎样发挥它们的作用，我将在随后说明。这些都不是公共的而是私人农场。但是在几千处这样的农场中，即在田纳西河洼谷的每一市镇，差不多占全洼谷的 1/10 的农场，你可以预言，在今后的若干年中，全区域都能取得如此大的成就。你由此而知，在全洼谷其余的那些土地中，其粮食生产水准能够达到怎样的水平。仅仅在 10 年以前，这些实验农场所遭遇的严重困难，正如在国内其他地方所遭遇的一样。然而，现在你可以看看，他们经过科学与技术学习，每个人从寻找建设他们新天地的途径中，已经得到丰富的回报。

　　在过去的 10 年中，全洼谷的农事，无论在利益或在收获上都增加了。但在那些实验农场，你可以了解到，这块土地能达到的最大的贡献是什么，在此实践中农民们所能做的最大贡献又是什么。国家给予他们的补助很有限。要明了这些，最好是引用包括洼谷区 7 州的国家开发处的记录，这一机构是取得 TVA 同意而执行实际计划的部门。

　　农业专家们谈到这件事情的时候，归结于大量生产。在最近 10 年内，流域内的生产水准的确提高了：谷类增加 13%；小麦增加的比例与谷类相同，但所用田地面积更少；牧草增加 33%。同时期实验农场因为实行新式农耕方法，其增加的数量竟 3 倍于前者。实行新式农耕方法之后，以相同的人力用于相同的地亩，其所产肉类、鸡蛋、牛奶及乳制品等，增加的数量由 30% 提高至 60%。

国家农业机关几千种报告的记录中，有一篇是记载一个"土地贫瘠"、民风剽悍的田纳西村镇，时间从 1939 年 TVA 实施合作计划时开始，到 1942 年度报告时止：

乳牛增加 70%，即 1939 年 1 月为 43 头，1942 年秋季为 73 头。最近三年来食用牛与牛犊，每年出卖数目增加一倍，……此外，猪与家禽等，实际上都有增加。

关于弗吉尼亚一个村庄的报告，说明了他们在 5 年之中食品生产加倍的情形。关于实验农民的生产开发处处长写道：

现在比之 1937 年，牛肉与乳牛的数目都增至两倍。羊增加了 24%，鸡增加了 13%，母猪增加了 31%。

还有一篇肯塔基州来的报告：

四年前开始进行实验，家畜数目增加了一倍。牧草更见增加，现在的牧场也比从前更为优改良。虽然麦田亩数减少了 1/3，人工与消耗都较前节省了，但是收成却更见增加。

国家开发处处长在关于佐治亚州 103 个农场的进展情形的报告中说：

棉花收成从每亩 275 磅增至将近 400 磅。麦子生产由每亩 20 斗①增至 30 斗。每一农场改良土壤物的亩数，已由 10 增至 35 亩。每一农场所养牲畜数目已经加倍。

农业专家们要想知道人民如何改变了土地，这是一个衡量

---

① Bushel 译为斗或筐，容量 8 加仑，为数类之量器。——译者注

的方法。他们会告诉你，用什么方法把牧畜的季节延长了；用什么方法，使土地多生产富于营养的饲草和更好的麦子；用什么方法，使每一亩地能够多供养些牲畜；再用什么方法使每一种收成、每一头牛、每一个工作的农民，在每一个生产单位上都能增加生产的价值，提高生产的数量。

他们可以告诉你在田纳西州汉密尔顿县的经验，那里有一个"黑人农业社"。1940年8月他们参加了实验计划，当时他们在那地力衰竭的土壤上工作，每亩地只能产麦60斗。但是，到了1942年秋季，那只是实验开始后的两年工夫，黑人农业社的社长就有这样的报告：

> 农业社在1942年秋季，收割了比从前同一季节收割的8倍之多的刍草……1942年秋季下种的，有60公斤至70公斤的冬季植物种子，如红豆、大巢菜、燕麦及裸麦等。
>
> 农业社中乳牛从8头增至35头，做工的家畜由9头增至18头，母猪4头，母鸡由190只增至600只。

为说明在这土地上发生的变化，还有一种方法，就是引证两万多名开路先锋的拓荒者的事迹。比如，加入实验的农民亨利·克拉克就是一个例子。10年以前，他在田纳西州格伦杰县的山上，以55亩土地开始了农耕。当时，开发处的记录中这样描写道："耕作情形每况愈下，……若干土地，竟至于弃置不顾，芦苇、松树、柿树、黄樟树①茂盛得像丛林一般，遮盖着地

---

①　Bassafras 译为黄樟树，系北美洲东部所产的樟科植物，它的根含有芳香性挥发油。——译者注

面。石灰肥料、磷酸肥料，或者纯粹肥料，从来都未曾用过。牧畜饲养的草场，从来未曾下过一粒草籽。"至于设备方面，克拉克全部的所有，只不过是"一匹小黑马"，加上一个简陋的小滑雪车罢了。

在 1936 年秋季，克拉克做了实验农民。除了他自付运费的 TVA 提供的 6 吨磷酸肥料之外，县农事委员及其助手也都给他以指导和鼓励；实际上之前他并没有利用现代农学知识、没有利用电力和机器的能力。在他那 55 亩土地上全部变革的工作成果，都出自克拉克和他夫人对技术的热心。

人们绝不会认为今天这样丰饶的牧场和农田，与从前那荒草满地、斜坡为洪水冲毁的状态是同等的。从前是每亩只能出产 60 公斤麦子的土地，现在出产 300 公斤至 360 公斤了。在现在精心耕作的农田上，种满了红豆、苜蓿，饲养了成群的可爱牛犊。亨利·克拉克从前只有一匹黑色的小牝马，一架原始的滑雪车，现在他拥有了一部自动牵引机，一部收割机，一部播种机，还有些别的器具。此外，他以收取费用的办法，用自己的机器替别人做工，还能增加若干收入。全年的每个星期，克拉克都有牛奶和鸡蛋送到市场上去卖；每年有若干头牛卖给屠宰场；有几百筐番茄卖给菜市场；还有一大批烟叶，那是他们最大的现款收入来源。所有这些，都是出之于 10 年以前实际上几乎不产出的农田。当时有人以为，这些农田已经越过了"边际效用"，只好让公家买去作为空地使用了。然而现在，克拉克把这块地方现代化了，在这上面建立了一个愉快适意的家庭，厨房里有电炉、冰箱，还有洗衣机。今天，他就是这全部财产、全套设备的全权主人。万千家此种实验农庄的详细记录，它们的结果或许不同，但是差不多没有例外，都是在说明土地变革、生活变革中令人向往的故事。

为着改造田纳西河洼谷区的土壤和农民生活，从 1933 年起，开始了土地测量工作，以期对区域内各种土壤都经过一番详尽的科学测量，这是一向未曾有过的提升种植能力的工作。由于需要对洼谷区内许多地方进行测量，洼谷区 7 所大学受 TVA 委托，对土壤进行科学分析。农民可以到县镇的农事委员那里去问问，他们的土地究竟是一种什么类型的土壤，是富勒顿（Fullerton）的高硅质淤泥沃土呢，还是莫里（Maury）型的泥沙土，或是哈特塞尔（Hartselle）型的纯沙土，抑或是任何类型中的某一种。各式各样的土壤各不相同，每种土壤都需要以不同的方法来管理，然后才能以最少的投入，换得最大的收获。当人民了解土壤性质的时候，土壤能够给人民做出最大的功用。

这种实证的试验工作，自然是"学习"、"教授"等事的另一种说法。它的工作，远超出庄稼、饲草、牧场、农庄以及仓廪的范围，而包括农田中的林地。洼谷中 54% 的地方都已植树，总共 1400 万亩的林地，40% 以上都属于农民。

农民的林地，已经成为实验农场的一部分了。在这林地中，他们栽了一些新的树种，如具有特异气味的黑胡桃，或者纯种的黑刺槐，或者是具有抗病性质的亚洲栗子，或者是东洋柿子。TVA 从它自己设立的苗圃中，取出来 10 种树种，其中嫩枝和接栽下来的枝芽总共有 11 万株，此外还有其他特殊性质的树苗，都已由农民栽植妥当。有一种树是专业选作栅栏柱子的，另有一种树，它的枝干适合于制造纺车轴，其果核又可以卖给附近的炸弹工厂。还有一种树可以用作牲畜的食料，另一种树则因为它长得美观树荫可供农家乘凉，其果实的包荚又可以作为猪牛的饲料。所有这些树木，都有保护土壤、调剂地表水分的作用。它们多半使农民提高了收入，同时还使农民解除了这样一种压力，即为了现金而产生的对过度消耗土壤的棉与谷物的依赖。

这一流域中充足的雨量和长时间的生长季节，使树木茁壮成长，令人难以置信。在作者执笔的地方，举目可望的山坡上，9 年以前还是新播下的松树种子，可是今天呢，多数都已长到 18 英尺至 25 英尺之高了，把山坡画成一片绿荫茂密、郁郁苍苍的景色。无论是私人的林地和森林，还是 TVA 几千亩的水库地基，流域中的林木就是回报啊！

农民正联合起来，努力防止森林火灾。科学的木材处置和收获方法正在 33 个县镇开始实施；计划中的森林财产总共为 20 万亩。流域中的工人中，每 12 名工人中就有木工 1 名。全年经营费用 1.21 亿美元已经凑足，曾经一度支离破碎的基础，因此又稳固了。你可以看到，处处皆是生机勃勃的新树木，在逐渐变革的区域中成长。

这里的变革不只是在地上，同样也发生在地下。地球里面的矿物也要为人民服务。田纳西河流域的矿物种类繁多，在 50 种以上。因为科学到现在还没充分地利用它们，所以若干种矿物人类还未曾使用。比如，北卡罗来纳来山中所藏的绿色橄榄石矿，就是一个例子，此种矿石中含有 1/4 的镁金属。TVA 发现了许多种矿苗，发现之后还确定了它们的成分，在某些情形下，更是想方设法提炼。因此，实业家们将有一个可靠的基础来判断某种矿物在新兴工业中是否可以被利用。

有些矿物因为成色不好，在实施勤工津贴的拓荒年代，人口稀少，一切都是草创，浪费消耗是普遍现象。在那时，这些矿物不足以吸引私人工业家。但现在，在 TVA 的检验保证之下，许多矿物都可以经济地使用了。比如，一种瓷器原料名为高岭土，自从殖民时代以来，便驰名于北卡罗来纳，但是为制造上等瓷器，工厂还是从国外输入瓷土，这比把本国的瓷土加工改造使用似乎要更便宜、更容易些。TVA 早就有一个计划，要用精制的方法改造当地的高岭土，使之适用于美国的陶器厂。此种计划，已经试验成功。现在卡罗来纳来所拥有的高岭土，已经有几家私人公司在那里大量开采，作为制造瓷器之用。

另有一种含量度低的锰矿，从前是极少采用，现在有一种新的方法，可以使此种矿物用于炼钢工业。TVA 工程师最近在马斯尔肖尔斯①发现一种新方法，从一种白土中提取铝。这种白土在田纳西、亚拉巴马和密西西比等地广泛分布。在从白土中提取铝的工厂附近，有一座建筑正在试验从橄榄石矿中提取镁。在几个州的试验室，此种试验正在 TVA 主持下积极进行，这一类工作的进展，正是尚未到来的新的变革的信号。

事实胜于雄辩。这些事实之强有力，正如 TVA 开掘富源的

---

① Muscle Shoals 译为马斯尔肖尔斯，在田纳西河威尔逊水库附近，水流湍急。——译者注

巨大挖掘机，上面的一只高大的橡皮轮子就有 9 英尺直径，或如那修筑台地的机器，其工具的强大有力，是无与比伦的。就在这块地区，过去 10 年之中进行并完成了多少事业，在开发资源、整备组织上，在美国任何其他地方，都没有这样地完备和彻底。

各河流域卫生状况的案例、地方政府各级财政组织和森林事业的案例，关于娱乐的设备、关于现在与将来运输脉络的案例，关于土地的种类和按照类别而分别使用的案例，还有流域中每块地方用空中照相的案例，以及关于制绘地图的案例真是举不胜举。TVA 的制图员，还受军部委托，定制许多种在流域区以外、具有战略价值的详细精确的地图。此外，一些工厂不是为目前使用，而是为着可以随时作为军用或者变为任何种类企业工厂。同一块土地，用之于植棉和用作牧场，哪一种对于土地及资源消耗较多，这些事情被比较之后，才被推广至学校、医院、佃农、降雨、肺痨病和梅毒治疗、工业上的人与技术、工业与家庭用水、交通运输的费用等多个方面。

虚假的案例，由于它本身的原因，做出来的"报告"自然是索然无味的。而生动的事实，是为今日人民生活所必需，或者是足以促成他们将来工业建设、农业建设、教育与公共卫生等事业之决定因素。知识在为流域变革、区域开发的过程中起着推动的作用，并由此提高人民收入水平。

第五章　人民的红利

　　我愿意不厌其烦直到现在讲述这个故事，主要还是说明田纳西流域的具体变革。此中大部分的资金，全国人民都已经预先交付了。但是，生活在这儿的人民，他们所得到的又是什么呢？

　　最要紧的一件事情，就是田纳西河流域区的人民，他们的收入水平确实提高了。1940 年，即战争的影响还没有扩大之前，流域区 7 州，人均收入较之 1933 年的水平，高出了 73%。在同一时期内，全国人均只提高了 56%。在收支统计上，也能看出同样的发展趋势。1933 年至 1943 的 10 年之间，流域区 7 州每人收支的数目，实际超过了全国范围的每人收支的指数。流域区 7 州，每州提高的指数，也高于全国范围的每州提高的指数。至于收支总计，其趋势也是相同的：全流域各州存款率及各州总计，也都高于全国范围增加的指数。1933 年至 1939 年间，银行存款增加了 76%，同时期全国银行存款只增加了 49%；货物零售增加了 81%，同时期全国范围的只增加了 71%。

　　这些靠得住的数字，都已表明，我们的收入水平的确是提高了，这是有目共睹的。但是田纳西河流域区的收入依然是低微的，只有全美国水平的一半。

人民的这些事业，其结果如何呢？在这区域中，农业是私人企业中最重要的。我已经说过，它在走向进步，土地的丰收不但稳定，而且继续增长。从工业的意义上看，这些事业又是怎样的呢？它也仍然是在快速的发展中。就在战前，流域中有几种大工业，已是有增无减地供给现代工业几种基本原料，如铝、砂铁、金属化学原料；这也包括国内两家最大的磷酸盐化学工厂。

战争在很大程度上又为上述列表增添了新内容。为着保守战时秘密的缘故，与这些事有关系的发展是很少可以公开的。一个曾经从事过军事生产而在工业方面落后的流域，当它的全部故事能够公开的时候，在美国的产业界将是一个奇迹。这样的一个奇迹已经发生在海外了，在国内是很少能被理解的。

这些工业是如此重要，至少因为它是新兴轻工业和1933年以前即已存在的工厂之发展的起动机。自1933年以来，新起来的工业，可以数出来这样一个行列，就是冷藏食品、乳酪、飞机、褥垫、瓶子洗净器、火炉、面粉、饰花木器、枪筒帽、手杖、电热器、木器、鞋、帽、干电池、靴、马鞍、云母、氧气、无色气体、金属铸模、斧柄及重晶石等，无不由专业厂家制造。因为这些湖与湖之间的交通往来，使流经各村庄的田纳西河流域成为一条美丽如画的弧形地带，乃为许多小规模的工业提供了获取利润的机会。

我们在这洼谷中尚待进行的事情还很多。在全国的工业与制造的比率上，经济上所占的百分比既少但又拥有许多富藏的这一地区，还有许多工厂急待建设。在流域区潜在的富源之中，还有很多新工作，正等待实验室和企业家们来开创。亿万亩的土地尚未恢复其最高度的生产力。当 TVA 在 1933 年开始其工作的时候，洼谷中总计 850 万亩已开垦的土地，在侵蚀冲毁中损失了 700 万亩，表层土壤完全消失的在 100 万亩以上。需要栽植更多的树木，修建更多的房屋、学校、医院、公路等。农民与新式工厂的产业工人学会了许多新的技术，千百万的男女，都因为替 TVA 工作而增加了技术方面的本领。但他们缺少训练，这仍是一个需要克服的重大的障碍。这些工作是勉强开始了，有些仓促，然而田纳西河流域的整体工作是在推进中。

民主，正在这流域中进行着。这不仅仅因为有实质性的变革，或者收入增加了，或者说经济上的活跃等原因促成。我相信这一地区有远大的前途；我更知道，人民的伟大精神与伟大力量尤其值得珍视。有人解释说，这地区的问题乃是"人类救难"的问题，这完全是无稽之谈。这洼谷中的富源，是人类的财产，也是人类的利益。人民已经获得了掌握现代工具的机会，而且发扬了他们自己的领导能力。他们以单纯的目标和考虑周详的计划，担任艰巨的任务。他们所表现的能力，在美国任何别的地区，都是难与比拟的。

新的机会的到来，带来了一种更加昂扬的信仰、坚定与自豪之感。有一件明显、人尽皆知的事情是 1943 年 5 月 18 日亚拉巴马州的迪凯特《日报》有一段社论，编者是社区领袖，他直言不讳地叙述那悲惨的既往，并与乐观而丰足的现在作一个对比。以前，迪凯特的状况是困难的。今天，它是美国中部最有进取心最有前途的一个小城。"这里发生了什么？"日报的编者提出了这样一个问题，自己随即回答道：

> 我们可以谈谈这些大水库……本国工业的建筑、电力，最后论及洼谷中万千农场的农民。但是，有显著进步的，乃是人民见解的改变。他们都不再害怕，他们已见到了自己掌握权力的轮廓。在会场中，他们现在能够站起来讲话，而且可以主张说，假如工业不从别的地方输入这流域，我们就要建设自己的工业了。他们今天正是这么做呢！

10 年来的这些变革，自然不是 TVA 自己做的。事实上，TVA 在从事这些工作时所采取的方法（以后我还要详细叙述），其要素为：以直接的嘉奖鼓励，运用所有的力量、所有可能的条件；私人的资金与私人的努力；农庄和工厂；国家的资金与国家的活动；地方、社会、团体、学校、社团以及合作社。所有都已发挥了最大的功能，尤其是几十个联合代理处的合作——国民常备兵团；农业部若干的机关，例如农村电气化事业管理处、科学研究局、农业调查处、商品信用公司、合作贷款银行与森林服务处、公共卫生服务处；工程师兵团在 1933 年以前，预先做好了田纳西河调查测量的准备，这就是众所周知的"328 号国会文件"；海岸警卫队；工务部、内政部的几个局，还有垦荒局早已为诺里斯与惠勒大坝的设计准备了计划，还有地质调查所、气象局等等，这一列名单，假如要它更完整的话，全国机关团体将大部分被包括在内了。

TVA 在这 10 年之中，把公家的钱用去了多少呢？假如按照人民分得的红利计算一下，这些开销是否值得呢？

国家企业与私人企业同样，应当产生和成本同等的或者更多的利益和价值，这是很重要的事情。并且成本问题、原料与人力的比较问题，以及投资所产生的收获问题，这是研究一个企业发展可能性时首先要考虑到的事情。

至于 TVA 财政方面之各种可能的技术上的改进，我自然不必加以细说。因为这对于一般读者，是引不起多大兴趣的。这类事实，都可见之于 TVA 对国会的周年报告中关于财政方面连篇累牍的陈述，同时也可以在关于 TVA 财政问题的专业书籍和文章中看到。我只是把关于这一方面的基本事实加以概括地叙述。这种讨论，在判断此种事实的意义上，是很有用处的。

TVA 所用的资金，都是由国会指拨的专款，只有两种是例外的：6500 万美元的 TVA 债券，用于修理和再建水库及各种设备；电力用户所供给的 5000 万美元。但为避免含糊其辞，我把 TVA 用的各种开销，统统视为从国库直接领到的。至于所提到的两项例外，那也无碍于我的论点。付出这些资金的美国人民，是定能收回他们的报酬的。

人民是否已经收回了他们的报酬，TVA 把它们的钱以这样的方式投资开支出去，是否值得？要判断这个问题，需要记住，田纳西流域和全国各处所得的许多利益，是难以用数字精确的衡量的。只有投资在电力方面的种种收益，使联邦纳税人除了得到许多别的利益而外，还生出若干美元的盈余。因为只有电力是 TVA 投资的主要生产，是为着盈利的。其余别的经费，即使有一些收益也很少，只不过使得人民、社会以及企业都有好处而已。

例如，一条可以通航的运河，对于航运家，对于使用这运河的实业家，对于消费谷类、煤油、汽油等等的人都是有利益的。这自然是实在的情形，不但在田纳西是这样，就是在俄亥俄、伊利诺伊、密苏里所有这些地方的许多河流也是这样——百多年以来，几百万美元的联邦资金被投入到这些地方。因此之故，要想对于航运业的盈利，对电力企业的盈利，以确实的钱数来计算，都是不可能的。可是，只是因为这些数据在 TVA 的账上没有表明出来，当然不能说它是没有盈利的。

同样，因为有这些水库，也就有了管制水源的利益。而密西西比通至红河口的所有水路，都由此得以拓展了。但因为 TVA 对于这些盈利，并不收取金钱，因而纳税人的红利，就不能按着若干美元的方法来计算了。TVA 出资生产使用磷酸肥料植物的食品，其盈利情形也是这样。并且用以调节土壤侵蚀，这不只是在田纳西河洼谷，就是在明尼苏达、威斯康星、纽约、爱荷华以及在洼谷区以外的 17 个州都是这样。在森林业、工业调查、地图印制业也全是这样的。

这种开发工作的开销，以纯支出的记录表现在 TVA 的账簿上，然而其实际的利益表现在洼谷区和国家的资产负债表上。改进公共事业的开销，是全国一致的，以此所得的利益会再分配给纳税人，只是并不以现款的方式，而是以间接的利益形式。

现在转来看看 TVA 的开支吧。首先看它疏浚河道的开销：TVA 的财政决算书指出，整治好一条 650 英里长带有防洪设备和电力供给的通航运河，TVA 于 1943 年 6 月 30 日完成这样一个工程，总共投资 4.75 亿美元。现在①正在修建中，将于 1944 年底完成并投入使用的几个水库，其用费估计将在 7 亿美元左右。其中代表电力投资的约占 65%，即 4.5 亿美元。有了这些投资，管制河道的工程，才能大致完成。

这些投资，给人民生出了多少红利呢？由支出的这些经费所得的收获，能够证明这种开支是正当的吗？

在电力方面，我们回答这个问题是比较容易的。因为电力是用于出售的，收入是以元计算，所以这是可以计算的。到 1943 年 6 月底的会计年度中，TVA 出售电力的收入已超过了 3150 万美元。生产这些电力所用去的费用包括 200 万美元的税款和 600 万美元的折旧费（占每元的 20%），除去开销剩下来的累计收益在 1.3 亿美元以上。

截止到现在会计年度的最初几个月，所得的实际报酬表明，从 1933 年 TVA 开始工作到 1944 年 6 月底，电力的纯收入将在 4000 万美元以上。这一笔巨额的盈利，也就是五六年的工夫积累的。因为 1933 年至 1937 年间，TVA 还不是出售电力的企业，那时候机构还没有完成，能力微薄，并且被一系列法规和禁令所困扰——这些法令禁止出售由流域区河水发出的电力。此种纯收入的规模，就是明显地表示了：田纳西河的电力设备，一切开销都是物有所值。

这都是只涉及 TVA 的现金盈利的算法。至于别的间接的利益，还没有计算在内。但是利益是非常之多的，其中由于减税

---

① 系指作者成稿时，即 1943 年 9 月。——译者注

的结果，消费者每年省出 1000 万美元。流域区企业大量使用成本低廉的电力，结果使国内其他地区的企业，享受同样的利益。因为流域区外地区的工厂，其装备与原料 80% 是卖给 TVA 的。我们没有去衡量这种情况对于国家的价值究竟有多大。因为从这条河水发出来的电力，使美国在 1943 年就能够造出大批的轰炸机，运往欧洲和南太平洋。

　　现在所得的收入和盈利将来能否继续下去呢？战事结束了，大量的电力，将不再用于军事生产。然而电气在将来的工业上尤其在化学品和轻金属的生产，仍然是必需的。这是毫无疑问的。TVA 现有的大部分使用电力的厂家，将转变为电器化和冶金业的民用生产，这实在是合理的事情。把因战争所中断的工业转移过来，则流域中农村与家庭日用的电力，在任何情形下，都有大量增加的希望。战后短期萧条的时候，电力的收入可以继续抵得住开支，因为除了电线折旧以外，还能够提出一大笔纯收入，这数目大约在每年 1000 万美元与 1500 万美元之间。

　　投于电力生产的资本收入之间，以过去所得盈利收入的情形来看，呈现出一种良好的关系。以至今为止的实际经验来看，TVA 经营电力的盈利收入，在将来的 30 年内，可以无利息地把投在这事业的资本全部偿还给美国人民。因为很多资本都是投在土地，或者差不多是一种固定的资产上的一座水泥筑成的水库，其稳固程度，正如放在那里的一块大岩石。偿付此项投资，实在是一个短暂的阶段。

　　在这 30 年偿还期间快结束时的情形将是这样的：（1）人民投下资本将水力转化为供人使用的电力，架起了通达于全流域各处、传送电流的线路网。使用 TVA 电力的各用户这上面的投资，应当回馈给国家人民。（2）TVA 的电力用户把这 4.5 亿美元的资产完全偿还以后，这笔钱就得以更有效地利用了，同时准备金可以保存不动。因为经常不变的电线折旧费，一般都是向纳税人征收的。（3）已付资本的大量盈利收入，将继续流入国库。

有另一种方法可以证明全国对于田纳西河流域的电力投资之稳健。全部的投资中，只有一小部分，即 6500 万美元是代表着 TVA 所发行的债券。此外，都是国会指定下拨基金下的专款。但是，国会应当另外采取一种办法。我以为这与整治土壤侵蚀和航运业等没有现金收入的活动是不同的，联邦纳税人对于他所投于电力生产的资本，是可以用直接生利的手段获致收入的。所有电力投资的款项，国会都可以授权 TVA 发行债券，对认购此项债券的私人支付利息。联邦政府用这种方法把资本的负担从一般纳税人身上，转移到投资的个人身上。至于其中的利息，自然也要支付给这种投资的个人。

假如此种债券能够发行，只要有 2% 的利息，TVA 的盈利收入，就足够抵偿这份利钱。由于经营上的新陈代谢，基本的财产可以保持不变。收来的电线折旧费可以弥补支出，投入的资产也可以维持其数量不变。因而自现在起 60 年内，收入所得，可以把发行的债券全部还清。假如这种债券的利息，提高为2.5%，可得到相同的结果，只是债券收回的期间稍长些，大约80 年。

事实上，在公用事业和铁路方面，用此种办法收回全部资金的，即使有过也很少。另有一事也须牢记在心，就是 TVA 及其代理店经常采取收折旧费的办法，而在私人投资的公用事业中，却很少这样做。

总而言之，TVA 的情形是这样的：第一，采行此种办法，足以清偿资本的负债。第二，采行此种办法，足以付息。第三，经过联邦政府，全国纳税人仍可继续拥有兴盛的、保持财产不受亏损的、为以后生产纯利的一个企业。

全国纳税人虽然把资本已经预先支付了，可是他们仍然能得报偿，能够拥有这份财产。偿付利息期如此之短，而财产存在期那样长，在这地区不算合理。若能改用一段较长的偿付期，可说是更为聪明的办法。并且可以用此余额，抵偿今后 TVA 降低电力批发价格之支出。

无论采行哪一种方法，30 年、60 年或者是 80 年付息还本，电力投资总归是稳妥可靠、有利可图的事业。除此之外，附着于河水电力的好处，还有一种并不视为开发富源的价值。在开发河流的总共 7 亿美元的投资中，所生产出来的，并不单只是电力一种，还有航运业和水源管制。把这三种职能纳于单一的一个机构之中，而仍能达成这三种目的，这就无异于以一个机构的开销兼办三种职务，其经济实用自不待言。航运业和水源管制，也因此而占了便宜，减低了成本。同样的道理，因为航运业和水源管制，与电力生产是混合在一个机构之内的缘故，电力的价格也自然就比它以单一机构单独经营便宜得多了。

国会指示董事会，从投资总额中拨给航运业和水源管制各以适宜的款项，由 TVA 记录在卷。开发河流投资的总额，大致是这样分配的：电力占65%，航运业占15%，水源管制占20%（这些数字都是试验的，因为在作者执笔时，治理计划还没有全部完成）。此种分配计划，是在精致细密的技术研究的基础上完成的。

投资在电力、航运业和水源管制的7亿美元负债，即使要完全用于电力收入偿付，不到60年也就可以办到了。不过这样做，在这流域中未免太不公平。因为在开发其他河流时，国会一向没有采行过这样的政策，而这政策本身，又是不足为训的。我所以引证这些事实，不过是在说明，不管资本的开销如何分配，这种投资都是正当而有益的。

航运业和水源管制的开支，在1943的会计年度中为203.5万美元，此数不仅包括管理费，就连实际的折旧费也是计算在内的。从企业开始以来，截止到1943年的会计年度，供给航运业和管制水源的纯开支，总计约为1000万美元。

这些开销都产生了什么结果，我已经说过了。由这些开销生出来的利益，自然不能用钱数来准确衡量。使用这河道的航运者，每年可积累350万美元的储金，再过一个相当的时期，此种收入每年可达800万美元以上。救济水灾储金，一年可收入100万美元以上。这个河流以及防止水灾的设施，对于私人营业的繁荣成长，也给了直接的、很大的刺激。即使这无法用统计数字表明，我们仍有各种理由相信，盈利的价值证明了给航运业与水源管制所分配的投资比数是正确的。每年将有约2.5亿美元的盈利，合折旧费在内，每年管理费约为300万美元。

放下河道的问题不谈，我们一观复苏土地的事业。TVA的决算书中指出：截止到 1943 年 6 月底的会计年度中，用于复苏土地的支出是 334.4 万美元。这数目，不只是用于生产肥料，而且还包括田纳西河洼谷和国内其他地方的 21 州在内的实验农场的行政费用以及用于印制地图、造林、工业以及所有的各种研究工作的开销。简言之，即是我所说过的一切开发计划所需的总数，在这一年度中为 259.5 万美元。由这些开支所收回来的报酬，也仍然是不能以元数来计算的。可是，这些报酬建设了流域区，建设了全国。在过去的 10 年中，用于 TVA 土地复苏和所有其他各种开发工作的纯开支为 3900 万美元，此外尚有用于肥料工厂及其设备的支出为 838.3 万美元，这包括在马斯尔肖尔斯的一个肥料工厂和磷酸矿石的预备厂，这自然应属于投资方面的。所有 TVA 为各种目的而支出的资本，截止到 1944 年 6 月底，将在 7.5 亿美元左右。

国家在这种开发工作上所用的支出，是否值得呢？解决这一问题，自然不是用统计数字所能证明的。你必得看看这洼谷，这些基金的支出，在增加流域区和全国生产力上，都做了什么工作；你必须看看，流域区那种持续增长的力量和簇新的蓬勃的生气，在平时和战时对全国的总实力所产生的影响；你必须想想，对于给千千万万的男女——农民，供职于新企业的商人，新式工厂工人——提供机会的国家来说，什么是值得的。

这个问题，是会计专家或者财政专家不能给我们答复的。也许流域全部的结果的确是值得的，人民必能答复他们自己，由他们的付出所得的代价是怎样的，毕竟这不是一件数学上的事情，而是最高的公共决策。

第六章　新方法旧任务

"支配自然，先要服从自然。"

——弗朗西斯·培根

　　1933年5月，国会通过法案，创设TVA，这是美国公共政策的新纪元。自从移民斯土以来，这是第一次，美国人开始用新方法支配自然。一扫从前那种轻视或者不顾事实对待自然的态度，而另持了解自然、顺应自然法则的态度：人与自然资源合为一体，土地、河川、森林、矿产、农业、工业与人类协调一致。

　　人民从报纸上看到的国会创设TVA的法案，对大多数人的意义，自然不是这样。因为TVA成立以后，一般人都视之为单纯的"电力"企业，视之为国家水力发电的冒险事业。就是到了今天，虽然它已有范围那样广大的各种活动，可是还有许多人仍然认为TVA只是一个电气企业。为什么这些人把TVA的事业范围和目标，看得这么狭隘，这是完全可以理解的。

　　远在15年前TVA还没有成立的时候，国会里及一般的公开辩论，大半都是单纯关于田纳西河之潜在的资源，即水力发电问题。多年以来，就有一种明确的意图，就像拍卖第一次世界大战剩余下来的卡车、鞋靴及掘壕铁锹等各种便宜东西那样，利用第一次世界大战时的公积金整理亚拉巴马马斯尔肖尔斯的大坝和电厂。那时还只计划一个电厂，其办法或是按照私人所有的经营，使之成为私家工厂；或者仍由国家管理，不过要对出售作为电力的用电加以限制，以免盈利为私人工业所分享。

这些电力的用途如何，是那几年公众讨论的主要问题。直至通过了创立 TVA 的法案，这个问题才解决。还有一个狭隘的问题没有解决，那就是"国家主权"问题。罗斯福总统的咨文坚决要求国会批准，开发国家资源要采用根本的新更张的诺里斯法案。这个要求，后来终于在 1933 年 5 月 18 日由总统签署而成了法律。总统咨文不但其词句是动人的，而且包含着富有创造性的、政治现实主义的，建设纽约州的远大计划的经验。此种宏谋远略，是罗斯福在佐治亚的家中，长时间思考南方问题以及南方和全国之关系的结果。总统咨文说：

> 马斯尔肖尔斯的开发，不过是全部田纳西河潜在效用的一小部分而已。假如从此种利用厚生的全局来考察其卓越的电力资源，它的范围就很广大，包括水源管制、复苏土壤、整治土地侵蚀、造林及工业的分配与变更等。简单说来，在战争时期，开发电力最合理的办法，是按照每条河的流域所包括的若干州，制定全国整个的计划，以谋人民前途的生活幸福。

于是，总统建议：

立法创设田纳西河流域 TVA，由政府授予公司名义，而由私人企业保有优先权。该公司应负广大无限责任，将保存并开发田纳西河排灌区及其附近地区的天然富源作为正当目的，以促进全国一般性社会和经济的福利。对于这种职务，更须赋予必要的权力，以期将此等计划见诸行动。其职责应为恢复马斯尔肖尔斯的开发工作，以期与这一广大计划相呼应。

许多痛苦的教训告诉我们，人类浪费，是由于缺乏计划。世界上有几个英明的城市和国家，它们高瞻远瞩，并且是先有了计划。然而，我们的国家"正在成长"中，乘此时机，正好把计划延伸到比较宽广的领域，使很多州都包含在一个伟大的计划之内，并以此和我们这一条最大的河流休戚相关。

《TVA 法案》并不是随心所欲或心血来潮的产物，而是经过精心策划和深思熟虑的产物。因为在美国历史上，这是第一次，不仅集中注意于一条河的全部资源，而且还注意于开发资源与自然界自身的协调一致。水、土地与森林的协调一致，如同天造。正如梅特兰①所说"所有历史的一致"，无论是好或是坏，牵动了整体中的任何一条线，就要影响到其余的许多线。

在这种新的政策之下，从这流域的各种资源之中为人民创造财富的机会，乃成为一个单纯的问题。把这问题的许多部分

---

① 梅特兰（Frederic William Maieland），是英国法学家，以研究英国法及英国社会史而成名。曾任剑桥大学英国法教授，代表著作为《英国法与文艺复兴》、《爱德华一世以前英国法律史》、《爱德华二世年鉴》等。——译者注

连接起来，使之成为一个统一的整体，那就需要一个负责的机关。洼谷区的资源，是不能分割为各自的片段以适应政府的职权划分的。政府之所以那样做，是因为它一向习以为常地觉得那样才便利。若说是上帝创造万物的时候，就已经把自然资源予以分类，使之适应于美国联邦政府的组织形式，这种说法是不允许的。为顾及协调一致的关系，让个人经营的特种有限公司来开发此处种种的资源，也是不允许的。上帝以整体创造，人类当以整体开发。

把这河流的一切视为一个整体，正如世界上每一条河流一样，它拥有很多潜在的财富。它能够以水力发电，使人民在家中乐享其福。它能够促进农村的繁荣，它又能推动工业的发展。然而，同样的河流与同样的蓄水库，假如都是经过了精心的设计，就能够当作一条运河来通航。河水又可以供渔人娱乐及捕鱼，使人们从游泳与划船中寻求乐趣，还可以给家庭与工厂供水。但是这条河也还有很多的缺陷：它有水灾重临的恐怖，威胁人民的安宁生活；工业上的浪费与公共污染，致使水源供应渐少；河水席卷山谷与农田中的泥土流入海中，对于人类更是造成不可挽回的损失。

这些潜在富源之利用，TVA 都把它委之于一个单一的经理处了。这条河流，已经被视为这一地区中较大的一个模型，自然界许多财富中的每一份都织入这一件天衣之中。土地、矿产、森林，都已结为一体，都与这洼谷中的人民生活息息相关。那就是所有人的利益，也就是一般人们的目标和新的经理处的责任所在。

以前，美国开发公共资源所用的办法不是这样的。国会创设 TVA 以来，就把从前的旧方法弃置不用了。开发河流，从河水中为人民造出利益，这种单纯的任务，以往并没有专设组织这样做过。在离我写此书不远的地方，另外有几条由私人企业开发的河，他们的结果，就不免大异其趣了。在那些河上建造水库，无论是依照着公家的计划，还是依照私人计划，若是首先没有根据一个总计划来设计的话，就不能保证把某一条河流当作整个流域中的一个部分对它进行充分利用。私营公司也有专为开发电力而造的水库，此类私营水库，为了尽快在电力方面产生利润，就减少或毁灭这条河其余水库充分发展电力的机会。这是因为他们并不把这条河视为整体河流中的一个单位而设计或建设。此类电力水库在建造或使用上，也不是为着控制水源，更不是使之成为一条长期通航的运河。因而这些河的完整的有用性被毁坏了。同样的道理，为着通航的单纯目标，千百万美元的公积金已经用在我们的几条河上了，但是那些水库的建设，不是管制水源或发电的。它们现在好似一座森严的壁垒，谨防建设目标复杂化。

花了多年的时间，用去了几千万美元的经费来建筑堤堰，以使几条河下游的水，能在我们的控制之下倒流回来，但是因为在水源地并没有贮水池的设备，以致堤堰也没有发挥保护的作用。

经过长期的岁月，仍然存在着一种对自然真理的轻视。世界上任何流域、河流所发生的事，大部分取决于陆地所发生的事——农民生产出来的五谷种类，他们使用的机器式样，他们砍伐树木的数量，都是决定的因素。假使水流与土地的开发并不协调，则人民就不能从土地与河流身上获得充分的利益。

假如土壤是暴露着的，而不以作物的根和枝叶来保护它，则人民就要贫困，河水也因冲入河流的田间泥土而混浊。因而农民必须一年又一年、过度地利用他们的土壤，土壤因此所遭受的循环性的损伤就要加快，直至地面作物和顶层土壤都已消失殆尽为止。到了那一天，如同中国黄河那令人惋惜的广阔河段所呈现的情形那样，雨水从土地流出，好像流过坡道那么快。即使在落雨缓和的时候，岸上的雨水也会迫使河流湍急，每次落雨都会形成洪涝灭害，五谷、家宅、桥梁、道路等等都不免遭遇破坏。不只土壤贫瘠的地方如此，即使人民生活较为富庶、土壤仍然在保护之中或岸旁已经建筑了工厂的地方，也要遭遇同样的命运。工业与铁路被破坏，农庄与村镇被淹没，水库中充塞着淤沉的泥沙，运河的航行也停顿了。

假如不希望如此的话，就要在地面铺上草皮或栽上树木，适时加以耕耘，以达到管制雨水的目的。以这样的方法处理的土地，可以说是一个吸水池，它能够替代一部分的水源管制和保护河流的任务，正如河岸上鳞次栉比的水库能够使下游的水流回来一样，两者有同样的功效。很多场合，土地经过如此的规划之后，就发挥了最大的效能，这样就可能减少管制水源所需要的工程费用。

农民的新牧场和新草坪，可以说就是一种水库。倘使现在实行于田纳西河流域千百万农场中的新的农耕方法，能够在我们这流域所及的农耕区域中都实行起来，则每年由地面流入河中的平均 12 英寸深的雨水，就能有一半为土壤所吸收。诺里斯大水库高出克林奇河面 267 英尺，农场中由此所贮藏的水量，就足有两个诺里斯大水库所藏的水量之多。我相信，这必有实现的一天。

自然，这不是一件新事物，TVA 也并没有发明出来什么。只是一条河如果能够提供许多利益，还可以有许多意料不到的收获。这一流域的土地利用及开发，与经过工程建筑所进行的改良是不可分的。这是多年以来科学家和工程师们所一致公认的。地力保存主义者中杰出的一派发现了这个规律，并且在文字上和口头上都极力宣扬，已经有一个世纪以上了。事实是这样的，差不多每个农民，站在他小屋子的门下眼望着急雨打在他的田上，而且填满了沟渠，他是看得明明白白的。重点在于，关于土地与河流之不可分的知识成了我们国家的事业，而且见之于实践，只有这一次在这条河上实现了。至于在这流域以外的另一个流域，若有别的企业的农业专家，也关心自己和他们的土地时，就会把这些河一并交付给一个机构的工程师们去规划。时至今日，国会指示的，必须把所有这些资源视为一个整体而不可分割地来处理的，田纳西河流域是独一无二的案例。

这流域奉行着协和一致的原则，从事于复苏土地和增加土地的利用价值的事业，这与管制河流一样，无非都是为人类谋福利。开发土壤、增强其生产能力，并不只是单纯的土地、耕种和农业科学等问题。它们和开发河流一样，并不只是单纯的水的管制、水库和工程技术问题。恢复土地的肥沃性，整治沟渠，在山坡上重新植树，这些工作和管制水源、航运业与电力等工作一样是永无止境的。因为河流与土地是不能分割的，所以土地和森林、矿产、工厂、商店，所有人民赖以谋生的资源都是不能分割的。

流域所用以达到目的的方法，是与从前流传甚久的旧方法完全不同了。其所以不同的原因，乃在于把自然资源视为一个整体，只是置于各种不同的用途而已。协调一致的观念，使每个农民都把自己的农场视为劳作的一个单位而已。农场，也是一件无缝天衣中的一部分啊！

那种文雅而呆板地分出"森林学"、"土壤学"或是"机械工程学"一类的说法，农民是不易了解的。同时，复苏土壤，或是保持土壤水分的工作，若是和农民的全盘谋生大计相背离，也是不合适的。TVA本着这种观念从事工作，这里没有"司法"系统，也没有拒绝过化学工程师。之所以如此，就是因为这是一个"农事"问题，是属于实业家或是发明家的。因为复苏土地乃是"国家"的事情，或者是一乡一州"专家的事情"，因为农业是"全国的"问题。这流域中，技术专家们发明出来新式机器，实业家决定去制造它、销售它。假如农民因此而能种植保护土壤的禾苗以维持其生活，则此类事情，与管理河上水库以复苏土地一样都是十分重要的。此处发明出来的速成制冰机、轻便打谷机和播种机，都是用来克服农民走向保护土地之路上所遇到的特殊的经济上的障碍。我们洞见到，修筑台地是复苏土地的现实因素。但他们违反了自然界的和谐规律，因为他们开发了几种资源，却没有注意这些资源相互之间以及对人类生活的关系，古代文化因而湮没无闻了。世界上许多地方，其繁荣的可能性都是确切无疑的，但因为对资源的滥用和不均衡的开发，其发展迹象反而是贫困、荒凉、破灭，令人生厌。村镇从前是繁荣而生气勃勃，现在是萧条的。从前提供优裕生活的土地，现在被侵蚀冲毁，成为不毛之地。

在一个世代以前，田纳西州东部山中的达克敦，有这样的一段工业史。铜矿发现了，已经筑厂开始提炼。在这样一个偏僻的地区开发了一种资源就意味着有了新的工作，正可以为农业与林业补充收入。然而，他们计划只开发铜这一种资源。附近7英里有庄严高大的硬木树林，他们砍伐这树林，供作熔炉的燃料，硫黄臭气从烟筒中释放出来，不但把尚未砍伐的树木和所有植物全部熏死，而且把地表层的土壤也熏坏了，这种行为成了对生物的毒害。

枯竭的土地、表层的草木为风雨所摧毁而丧失殆尽了。曾经是可爱而多产的大地，被雨水冲刷成若干的沟渠，逐渐扩大为20多英尺的寂寞荒凉的深溪峡谷。今天在此种惨淡的光景之下，没有人不感到战栗惊心。泥渣从毫无保护的山坡冲洗下来，流入河川而毁灭了鱼的生命。下游一个私人电力公司的水库填满了泥渣，洪水把人畜、工业的财产洗劫一空。达克敦资源之一的铜矿，确是开发了，然而其余的各种资源都因为它的开发而遭了毁灭。人民和他们的企业，最终遭受了这样的恶劣影响。

所有此种荒凉颓废，带给制铜公司的职员和爱惜自然的人们许多痛苦。因为杂乱而不均衡的开发资源，绝不像一个简单的伦理故事所说的"好人"或"坏人"那样单纯让人相信。它的意义远比这个重大。开发资源是我们人民思想的反映，在此种情形之下，早期开发工作者其远见实远胜于一般人民，因为在遭受损害的土地所有者们长期而痛苦起诉之下，他们必须为这些建设带来的损失付出代价。

达克敦炼铜厂烟筒里放出来的气味现在是无害的了。因为后继的一个公司，用新的方法在制铜的过程中生产出副产物硫酸来，发出来的烟气已经没有毒害。现在硫酸的价值比铜本身的价值高多了。制铜公司在各方面与 TVA 积极合作，现在虽然仍在实验时期，被毒烟熏毁的地区已经实行森林再建计划。由于只是开发了铜而不是达克敦的整体资源的开发，他们在人力、物力、财力上已经做出的和将要做出的投入是无法计算的，但是，清单还很长。

此种情形似乎是极端的，那是因为账目结算得快，而又令人一目了然。在账目结清以前，一个地区的财产，每每表现着是减少而不是增加。这在数学上是不会含糊的。水平面的下降，地下水位的下降，使俄亥俄州工业用水的供给受到威胁。点缀着威斯康星和密歇根森林区的各村镇，都呈现出衰败不堪的状态，人民生活陷于停滞与贫困。从森林中"开发"木材，曾带来过一个繁荣的时期，然而农业、渔业和狩猎随之遭受破坏，最终森林也被破坏。现在有几个地区，对于城市、公路、学校和人民，都没有可以供给的产品了。除非以人民的利益为目标，除非采行协调一致的原则作为开发自然的方法，否则只有接受这些痛苦的果实。

现时改造中，地力衰竭了的南方农田，仅能勉强种植棉花这一植物，这又是自然界残酷而不留情面的证明。在那里，从前曾经是可爱的田庄宅邸，因为地力已经衰竭的缘故，现在已是空无人迹，一片荒凉了。这些令人触目惊心的现象，真是国家荒废地力的标志。芝加哥和纽约曼哈顿的高塔，密西西比流域原野上奥马哈摩登化的街道，土地、水、矿物、森林等等，正如那些古老的田庄宅邸一样，统统是在这一个基础上的。我们所居在的地方是城市与乡村合为一体的。

假如把自然资源消耗尽了，在任何地方，我们都失去了保障，失去了安全。这个人口不断增加的机器时代增加了危险。因此我们必须记住：除非我们重视了自然复苏法则，否则现代技术，可以使也曾经使这一过程中资源的消耗加速进行。在一两个世代的循环期间，就可以消耗干净了。

成本低廉的电力大量供给予工业所产生的影响就已说明了现代的幸运。在过去的10年中，田纳西河发出的电力，对于这个洼谷中的工业发展，实在有伟大的成就。无论在印度，在中国，在阿肯色，或是在巴尔干，电力确实是重工业的必要条件。因为有电力，农业的俄国变成了工业和军事巨人。电力，能够给人民以很大的利益，然而它也能够带来灾难。因为工业发展受了大量供给的刺激，除非遵循一致的原则来管理，否则它就能够加速对于自然资源的毁灭，促使衰落的日子很快来临。

电力就像别种资源的产物一样，可以作为平衡和一致的开发程序之一部分。这样，它才是人民永久幸福之所系。电力是最高雅也是最有实效的一种能量形式，它本身具有传输特点，它带给人民各种福利，但人民对于此种能量的源泉用不着额外提供什么。电力是人类能力由经科学而倍增的象征。但是，只有把能量的潜能视为整体的，其利用不止于它本身，而有助于保持资源及恢复资源，它的利益才是安全而持久的。这本书，就是关于由电力开发以保持自然资源的经过之详尽说明。

当一个人或一个地区维持生活几乎只是依靠开采原料、伐木、种麦、采煤、开铜矿等等，而很少依赖制造业的时候，此等原料、此等自然资源，就会因为供给不断增加的人口而陷于消耗殆尽的严重情形下。一个地区，从伐木、植棉或者某一距离间的运输所得的收入，只不过是总收入中的一部分而已。必须将树木造成了纸，或是把棉花做成了被服，这才算真的增加了价值。假使一个地区好像殖民地似的，必得专业依赖于伐木或植棉为收入来源，而全然不能制造、不能造纸、不能纺织，所有由原料加工的器物都不能制造，就会迫不得已竭泽而渔，搜刮土壤中仅存的那点肥力，砍伐森林乃至毁灭的程度。油田干枯了，矿苗采光了，这才是重大问题。

由于迫不得已让资源枯竭了，人们可以用电力的帮助使工业发展而减少损耗。但是，实业假如只是开拓，而没有把我们人人所赖以生存的自然生产力给予保存的作用，则实业本身就能够把一个地区弄得筋疲力尽，以致伤及人民的安宁和福利。所以，进行实业开发，正如开发河流、土地或是森林一样，方法的选择是最为重要的。

到了战争结束以后，将有很大的能量转用于开发世界各处。除非是一种新的观念和新的行动取得主宰地位，否则此种开发工作，在世界各处都将重演达克敦以至于古代巴比伦的悲剧。

单只有善意是不够的，单只有言论或者是高尚的意向也都不行，唯有持续的丰衣足食才行。假如人民获得了利益，同时民主的机构也在蓬勃发展，那就必然会有必须遵循的开发的原则和政策。

自然资源的协调一致必定不可漠视。从事于自然资源的开发，更不可以辜负它的伟大目的，惩戒既往，警惕将来，努力为之，才能完成大业。

第七章　天衣无缝：土地、
　　　　水与人的统一体

　　立法创设 TVA，对于旧有方法的废除，是经过周详之考虑的。TVA 的主要特点在于它联合一体的做法，那是与政府传统的办法截然不同的。然而这个机构在个人执行工作上，并没有什么新奇的地方。政府关于水源管制与航运业等活动，已经有悠久的先例，至于公用电力制度，也并不是创举。若说 TVA 还有津津乐道的一点，那就是一个机关负全盘业务的责任，任何一种个别的活动本身都不是最后的结论，结论必要以全体利益为依据。建造大坝或是复苏土壤，任何一种活动，无论是在办公室还是工厂，在商店还是在厨房或农田的，都是增进此地区内男人女人生活福利的活动所不可分割的一部分。

　　TVA 的职权分配与政府现行的分部、分局等不同。设计与建造水库，购置土地，架设电线，出售本区所产电力等业务，若是分门别类，就得设置 6 个机构，现在 TVA 设立 1 个行政机关代替了这 6 个。另有一个机构，专为全部河道系统筹划航行、电力、水源管制及娱乐等事。田纳西河的行政计划与其他河道不同的地方，从下述的事实可以说明。在某个地方，有一些负责人拟定一个水库计划，另外一些人建造了水库，还有一些人把这水库使用了一部分而占为己有，更有人把这水库的盈利进行了分配。就是这样，各个部分的人，各自为政。几部分的工作任务，掌握在各不相干、距离遥远的个人手里，各自单独行动，相互间的政策很难一致。

而 TVA 的每个水库，都是为多个目的而规划的。TVA 的工程师规划的这些水库，不只为通航准备了充足的蓄水深度，也为水位涨至最高时做了准备，并且保证他们有各自的利益，因为电力都出自这一个来源。贯通全河流域，由发源至海口，每个水库都是全部系统中的一部分。每个水库，其地位、大小及功用，都由其自身与其他所有的水库之间的关系而决定，这样全河流的潜在价值才能够体现出来。

TVA 所负责任范围如此广泛，它以这一地区的福利为直接目标，至于所建造的一个或是一系列的水库，不过视其为达到目标的一种手段而已。在它的计划中，每一件工作的进行，都要有助于总目标的完成，以取得各种可能的利益。TVA 的董事会关注这一连串的责任，在建造这些水库的开头，就采行一种"有效计算"的方法。选择、雇用、训练与管理工人，都由 TVA 直接办理；工资政策和工作条件，也由 TVA 直接负责。但是，美国其余地方的情形，与此就全然不同了。政府的建设计划，通常都是以"签订合同"来执行，那就是某一家承包商承接这件工程，购料、选择及雇用工人都由承包商决定，完工的时候，承包商支付承包费也取得盈利。但是田洼局执行它的计划与此不同。除了很少的特殊而又是临时性质的工程，如造桥或建造水平坑道，是在田洼局的计划直接指导下由政府雇用公司实施以外，其余都是由田洼局直接招募直接雇用的。

建造水库，不单只是挖掘地基，灌入水泥，使河流得以控制，它还提供这一地区的人民学习新技术的机会。此种技术是工业在南方发展时急需的。艺徒训练的结果，使当时垦荒的农民在 10 年中成为熟练的工匠，而佃农也能学习做机械师。田洼局以此努力，帮助着水库训练工人——不分黑人白人，都是在促进着这一地区的原料加工制造的过程。

管理局为着同样理由，在分散的几处地点建造房屋，供给各水库工人以足够的住宅。在我们 TVA 里，那些富有创造性的工程师、建筑师和建筑从业者，用了几年工夫，发明出各式各样成本低廉的房子。例如一种可以移动的房子，先在某一地方建造起来，然后可以移至别的地方。在这地区，这种房子一般被认为是用途最广泛的。经由模仿，这种建房标准，在私人住宅上也产生了影响。这种情形，就是一个新来的人也是一看便知的。房子在某处做好后，随时可以拆卸运走，费用又很低廉。这是全国建筑师所努力计划的、人们普遍所乐于使用的房子。

按照一般的习惯，公共水库和私人水库的建造工作是不公开的，TVA 建设乡村的工作，也是不"公开"的。这无关乎道德或慈善，是由于开发这一地区的广大目标是 TVA 所负的义务，要使参加这一区域建设工作的人，都能充分运用每一个获利机会。有一位到这里来参观过的人讽刺 TVA 是建筑工业的"小勋爵方特勒罗伊"①，得到此种评价的原因，与其说是因为他看到了工人在俱乐部里打乒乓球，毋宁说是他看到了使用起重机的工人利用晚上的空闲时间研究蓝图，或是看到了工人们从大机器上出来，到图书馆去看书。每个建筑地区的工人，即便他们是远居在山上的，也都可以自由地利用图书馆。

开设这些公共场所，在金钱方面也并不浪费。因为提供很好的食品、舒适的休息和娱乐场所，都是使工作产生高效率的重要条件。TVA 的每次工作，都需要有这种设施来滋润它。如果大家都需要表达意见，用集体商议的办法，采取联合委员会的办法，来处理提高效率一类的问题。TVA 每一单位，较之全国各处在这方面的花费都少，然而它的工作效率却是高。对于工作最大影响就是罢工，可是 10 年来，TVA 未曾遇见过。

建设如此庞大的地区，不幸事故却能控制在最低限度。1941 年，全国安全会议年会中，关于不幸事件出现的次数及程度，TVA 出现的最少。

事故发生率，每个单位的费用，以及执行计划的记录，是公认的衡量工作效率的方法。不只是在修筑水库上，而是在建设这全部地区上，都是寻求各智慧以联合的方法，履行开发的责任。每一个单一企业，都由此获得了效益，完成了任务。正因为使用的是这种方法，所以在组织机构解散、雇员离职以后许久，还能够享受由副产品所产生的利益。以后我还要详加说

---

① 原文 Little Lord Fauntleroy，是美国女作家 Frances Eliza Hodgson Burnett 所著小说，方特勒罗伊是美国的一个男孩子，后来成了英国一个贵族的继承人。"方特勒罗伊"也成为过分乔装的代名词。——译者注

明，我们的目的乃在于将住宅项目，图书馆服务，以及给建造工人提供便利的公共卫生服务设施一同编织进相邻的社会建设的网络之中。将来即使工人们已离去了许久，它们也还仍然能够作为地方性的支持服务项目而存在下来。

因为不能按照一种工作本身单独设想其结果，于是我们的责任就加重了。TVA 认为，我们不能够因为建筑工作的疏忽，以至于草菅人命。当那摇摆的大水桶把水泥倾倒在最后一块闸石上的时候，巨大的钢门关起来了，河流于是停止。人们不妨问问：假如水流很快侵入田中，则千千万万农民的命运将要怎样？乡村公所、学校、教会又将如何？在我们单一目标的开发计划下，不分公共的抑或是私人的，以前一直是现在也是一样的回答："土地所有者的土地，已经有了公平的报偿。村镇中那从前低于水面甚多、泛滥成灾的街道，现在出入也方便了。我们已经尽到了责任。我们的工作是建造水库，这工作已经完成了。我们现在是驾船向海洋进发，万里前途无可限量呢！"

这样的回答，对于从事于治河企业者来说，是毫不足奇的。至于近来的一些战争项目提供的某些穷凶极恶的事例，是因为把企业的目标复杂化了的缘故。但任何企业之一般的要素，却是受单一目标所鞭策的。

TVA 不能把水库的闸门关起，不能偿还对土地所有者和村镇居民的债务，更不能每天去视察水库的闸门。因为这一地区的资源，连同人力在内，都被认为是整体的；而开发河流的工作，只不过是这一地区建设工作中简单的一部分而已。

所以，在 TVA 水库的建造工程仍在进行还没有放进水来的时候，TVA 就把附近地方已经接受过训练的男女请来这里。让他们看看，他们的土地哪一处是可以卖出的，是否需要把家搬离他们所不满意的地方，是否需要请教专家和邻居应该迁移到哪些对他们有利的地方。附近农民和工程专家的忠告使他们选择迁移，这种移动对于他们的农事改进是很好的机会。千千万万的农户，在各种事情上，受此指引后获益极多。比如，替他们做一个建造新房子或是养鸡舍的简单计划，让他们了解附近电力使用情形或农业改进会的消息。

15 个蓄水区、8107 个农户重新安置家庭的记录，都被慎重保存着。关于这些事情的总结论，是颇有趣味的。几乎没有一家为他的土地筹款，也没有一家拜倒于金钱之下，成了金钱的奴隶。依据从同一地方迁移来的半数以上的农家而做出的详细报告表明的报告，约有 70% 的农户都对于移居的新地方相当满意。他们现在所采取的新农耕方法就在说明，定居于现在的高地是可以改善生活的，较之他们从前在河谷使用旧的耕种方法，要好得多了。

农场和五谷都是事实，人类的感情也是事实。假如协调一致的观念实现了，则人类的情感应当计算为成功因素的一部分。现在姑且以坟墓为例。坟墓，本来并没有经济上或工程上的价值，但因为农民的祖先埋葬在那里，于是这坟墓对于他们就成了宝贵的象征，包含着无限的意义。他们相信，不幸者的坟墓，是要入十八层地狱的。这是人类的一个严肃的现实。谁若是漠视了这些现实，那他们所企划的一切"进步"，人们将以冷漠和不合作的态度来对付。TVA 移动了老百姓的坟墓几千座，都是移到农民自己或者教会为之选择的墓地。但是我们所做的，还不止于这些具体的工作。死了的人，虽然经过多年的岁月，枯骨已经化成尘土，仍须于对老百姓有重要意义的墓地表示尊敬，以宽慰他们的感情。在我们许多庞大的工作中，这是一种小事。但是我相信，这对于人们的感情是很有影响的。今天全流域的人民对于TVA的领导和技术家们具有如此坚定的信心，实在大大得力于我们对这类事情的关注。

　　因为基本目标的光明磊落，各乡镇虽付出了被水库淹没旧街道的代价，却减少了许多苦恼。北部亚拉巴马的小城甘特斯维尔就是一个例子。甘特斯维尔水库截流的水源，淹没这棉业贸易中心的许多街道，对于这些街道和商业活动，不免要加以重大的调整。一个小城市遭遇这样大的变化，不是容易的事情。但是，远在水势涨起之前，TVA的设计、技术专家就与当地以及州政府商议办法，这次商议产生了甘特斯维尔城市计划委员会。最近委员会又颁布划分城区地带的法令，列为州中首要工作，实行分区管理，新的主要街道也已规划。因为城市中心有很深的水道，致使甘特斯维尔成为商埠，大量的货运从此经过。在新的乡村计划下，这条水道不再作为一般生活使用，而专为工业使用。这个城市伸入甘特斯维尔湖广阔的绿波之中，形成一个半岛，在今天成为亚拉巴马最引人入胜的地方。而从前那个不幸的小城，现在时来运转，而对乡社的指导作用，也使它继续有成果收获。

第八章　共同的目标

　　实行一个范围如此广大的计划，所负责任的艰巨，自不待言。当这些专家还没有在 TVA 机构内开始工作的时候，也还没有这些困难。普通学校和大学，很少训练技术人才将人民的问题作为一个整体去看待，在这方面，田洼局自然是责无旁贷。TVA 怎样为着一个共同目标聚精会神于铲除障碍——隐藏在人们心中的障碍，尤其是取得技术专家的合作，对如何克服这些困难，达到一致开发的故事加以描绘，我想是非常必要的。

　　10 年前，我们在从事这份工作的过程中，罗致了拥有各种技术的专家，如地质学家、农业经济学家、森林学家、化学家、建筑家、公共卫生专家、渔业专家、图书馆员、木材专家、机械师、会计师、律师、能够适应荒僻生活的专家等等，现代的任何技术企业，在任何情形之下，对这每一种工作都要求高度专业化。

　　工程师、生物学家、农业经济学家或化学家等名词，其所包含的意义实在过于狭窄了。比如，在处理土地资源的时候，森林专家这一名词可以代表一打有各种技能的专家。他是由范围比较狭窄的许多专家，如植树专家、园艺技师、嫁接专家中区分出来的，他本身就是专家。所以，一个负行政责任的人，对于每一种主要领域的知识变化，必须紧紧追随。举例说，TVA 的干部中，曾经有过一位林木学家，他长年的生活，大半消耗于研究树木的年轮了。他在考察古代树木年轮的过程中，大放光彩，对年轮和远古水位研究的结果，远非人为的记录可比拟。这位专家大半借助于文字的阅读，了解了全世界树木的年轮状况。职务的专业化，一般未必需要达到这样的高度，但在 TVA 现代的这种事业中，也算是达到了极点。TVA 所努力的范围之广大，并不亚于自然与技术已提供的限度。职务的专业化，使协调一致的观点永远不会改变。而此种观点，是 TVA 志在必成的。

　　因此，除非我们为全部企业所依赖的、高度专业化的技术的相互结合，立下根基，否则我们就无法期望用现代科学把资源整体一致地来加以处置，这是显然的事情。人类专业高度合作的问题，对于 TVA，自然是普通的，并没有什么特别。我们在这流域中，采行此种步骤，已经进入成功之境。在别的场合，对于精神的分崩力量，也已有克服的办法。

　　各种不同技术的结合一致，是我们 TVA 工作的核心工作内容，其实这也是现代生活的中心问题。技术，它是不会自己互相调和的。TVA 在挑选干部的时候，最重要的是需要这位专家有远大的眼光。因为事业企划的远大，TVA 需要挑选出这样的专家：对于这整个计划，他有志献身于其中一部分的专业工作。但并不容易使每个专家都能认识他自己的工作和全体相互间的重要关系，或者和别的技术部门相互间的重要关系。其实这个问题中令人绝望的部分，也是为大家所一致注意的，乃是某些专家强不知以为知，从事于他自己本行以外的工作。

这倒并不是说，专家是狭隘的人。事实上，专家是这样的人：对于一个特殊的问题，聚精会神而又卓见在胸，但可能在他视线所不及的其他事物上有些不耐烦。对土壤化学、冶金学、渔业以及荒野生活，或统计术这一类事情，越是特别用心，看别的事物则感觉得无足轻重。

这门协调的技术，正是推动人类进步的助力。由于专业化强度的高低事关秩序与合作，有时还影响到共同目标的实现。所以须让每一个来这里工作的技术家都明白，同时还了然于这是一个整体的问题，使他的技术从属于共同的目标。不如此，资源的开发不能达到协调一致的境地。

从 TVA 的实际经验，可以说明特殊利益不同的问题。就如一个水库建造好了，这一片庞大的人工湖水，便淹没了千千万万亩农场、坟墓、学校、公路，一部分或者全部的市镇。TVA 董事会首要的工作，须先决定购田若干亩，从工程师处取得地图，以便明了水库闸门关闭时水力所及的地方的土地必须购买，这一点是无可置辩的。问题在于除此之外，还需在新的沿岸购买什么样的土地？

TVA 的农事专家们提出意见，除了实际为水淹没的地方外，不要再买土地。他们说，农田是为种植五谷的，因之所有的农田，都为农事所必需。但是，公共事业专家们听到了，马上提出来另一意见，他们坚决主张在全部沿岸购买广大土地，作为

"保护地带"，其广度每至数英里。他们说，这种土地应当永远保持为风景区，作为公园、游戏场，防止作为私人开发的地区，损伤自然的美景，以免公共利益只为少数人享受。这些看法，在一个农业专家那里是没有意义的；相反的，对于一个为公共事业设计人，是完全不同的。

防疟专家还另有一种意见：主张建筑堤坝，防止平原和低地存水，以减少蚊虫滋生的机会。但这需要大量的土石工程和抽水设备。他还希望规定，不准人居住在离岸一英里的地区内，以免蚊虫传染疟疾。他甚至于希望规定，日落至日出这一时间，人们应当完全离开那地区，因为那是蚊虫最为活跃的时候。至于公路工程师的态度又不同了，比如他主张，应当把地区内的半岛地方全都购买，使农民家庭迁移到别的地方居住，以免多修公路，增加筑路费用。而且在此等地方筑路，水涨时又有被淹的危险。

另一方面，电力专业家要求购置最少限度的土地，以便由出售电力所得的收入，在用之于土地消耗时能减至最少限度。航业专业家同样要考虑他们的利益，他主张购置土地，以用于修建码头、货栈、船坞和开辟航线等需要。他所主张使用的地方，和公共事业、农业以及防疟专家所需要的地方，不免有冲突。有时候，问题更加复杂，考古学家主张把地区史前时代的某种遗迹保存起来，或者是移动一下。可是税收专家出于地方政府财政的理由，主张把这古物卖给政府，并且要从这一税源区移到另一地方。

不用说，专家们提出来这些意见，并非受金钱所驱使，在金钱方面，他们是没有利害关系的。事实上，很多专家们只是因为他们要求比原来的范围更多的工作机会，才到 TVA 来的。在金钱方面廉洁无私的气氛，则更加强了专业化的趋向。

我已经说过，初看起来，至少有一点甚至有几点利益上的冲突，是显而易见的。如此不同之处，不能得到合理的解决，只能折中各专家的意见，使之"互相让步，达于妥协"。然而，问题是必须解决的，需要有个决定。是否更花钱，只不过是考虑的因素之一。基本问题永远是这个：要整体照顾全局，不要仅以某一专业的或特殊技术的利益为标准。采用什么步骤，才会生出最好的结果，才会为全区人民造幸福呢？这要以共同的目标，以全盘事业的目标为衡量的准绳。TVA 的专家们和它的董事部借此时机，正好在一起互相学习，把各种不同的观点转化为共同的目标。很显然，建造这许多水库的决定，并非智力所不及，那正是一种新思想的产物，把复杂的问题化为简单的问题。

当今科学界，无论是教育、工程甚至于神学，都守着森严的壁垒，存门户之见。这一部门具特殊知识的科学家，远离别一部门科学家的知识领域，孤守自己的小天地。各种科学知识间的鸿沟，在 TVA 已经开始缩小。TVA 的专家们深信，把各种专业的意见做出一个组合的结论，很快发展为易于实行的分工合作。专业技术，其意义不止在它本身。这种看法，已经是自然而然了，并且每一种技术都只不过是为开发资源、保存资源工作之必要的知识中的一部分而已。

人民利益，这种共同的高尚目标，由于观察实测和共同参加的力量，会和高度专业的步骤一道成为专家们的力量。那种足以拓展专业领域之眼界的机会，以及使他们和别的知识领域发生关系的机会，他们都一概欢迎。

TVA 的工程师们，发明了化学肥料，其目的并不止于在实验中试验。他们明白农业的历史，也明白农业的实践，在他们附近的地方，农民们实际上常常使用他们试验出来的结果。农业专家研究出了最有助于改良土壤的肥料，由实业家来制造，由商人来贩卖。现在，专家之间的冲突，很少需要董事会来解决，对于此类最重大的问题，他们采行一种标准的解决办法，以达到共同认可为止。

当一个大水库的水，因为使之倒流而成为死水的时候，就有了产生疟疾蚊虫的机会。它增加病疫传播的机会，这种病疫最后可能发展成为当地的疾病。自然，TVA 要不遗余力、尽其可能把疟疾完全驱除出洼谷区，以将其危害控制在最低限度。这种病症能使人力来源枯竭，美国南部因疟疾蚊虫作祟，致使人们工作时间耗损甚多。在 TVA 权威的治疟专家指导之下，针对此种危机，TVA 已经做成一个庞大的计划，正在大步骤实施之中。

疟疾蚊（即四足疟疾蚊）把它的幼虫寄生于湖岸的浅水中。有一种杀死幼虫的方法，就是突然把水库的闸门放开，使湖水突然外流，水平面立即下降，于是幼虫离水而附着于湖滨，一两天内就可死灭。但是，突然放水使水平面下降，要浪费很多的电力源泉。假如放出去的大量的水，经过机输，依正常的方法使之流出，当然会生出大量的电力。因此，电力专家不同意上述办法是理所当然的了。

我还记得，1942 年春季，军需工业渴望电力而不可得的这一非常时期。真不凑巧，雨又下得很少，水面极低。尤其使人不快的是，那正是一年中疟疾蚊生命周期的重要季节，具有适合疟疾蚊幼虫孳生的一切条件，可怕的后果随之即来。这种事态的严重性，已经需要董事会加以考量了。可是正合人意的事情出现了，有一位专家，他是被派处理电力与疟疾等问题的，在共同一致的目标下，这样的合作发生了向心力作用，所表现的实在是现实的进步。治疟专家自告奋勇把他研究的情况逐日予以公布，这对于 TVA 的干部，自然又增加沉重的负担。然而，也正因为这样，TVA 的干部具有了一种优势，关于成长中的蚊虫情形的变化，他们有了具体的例证。根据临时报告，他们与治疟专家、水力工程师合作，诸多条件相配合，解除了疟疾传播的危机。那种比较武断的"专家"，想出的突然降落水平面去蚊的办法，由此也得以避免了。

危机遭逢了严格的防治手段，疟疾的危险没有发生，电力也很少浪费。假如能够节省电力，还无损于人的生命和健康，则治疟专家显然会同意这种办法。他们运用聪明才智也就是为着这个目的。至于电力专家，对于生命和健康，同样也看得重于金钱，只是他们关于这次危机的处理方法，主张要根据每天的事实，取决于真实的情况而采取步骤。我还不能忘记，在管理的初期，专家们都各自为政，每个人都按着他自己特殊的观点而处事，有时候还礼貌，有时候简直就是粗暴，不但很少互相信赖，而且甚至于因其专业知识而对人傲慢。

在 TVA 工作的干部中，技术人员心理上协调一致的原则所生的影响，我已经加以论述了。归根到底，资源的开发，须经由人的意识与人的技巧，而此种技巧，在今天大部分运用于工业领域。

在这里，设计和建筑水库的人们，运用电力的人们，建造车站和公路的人们，都是本着自觉的目标，在一起正确地工作着。公共卫生的医生和各种专业人员，每天互相接触，他们是在单一的管理之下工作，这足以促成他们的努力和思想的一致。就像刘易斯·芒福德在《城市文化》一书中所指明的，那种目标单纯的思想和专业化的结果，是不足为训的。他说："这是一种实在的情形，造纸工程师利用水利学惊人的技巧，做灌溉计划；而水利建筑工程完成之后，却发现了这块土壤不适于耕种。"① TVA 的土壤专家们，不会有这样的笑话，他们是根据正确的判断，才做成最初的决定。

资源开发一个基本的改变首先在于人的心理、思想和行动方法的改变。对于资源开发，只要有少数人先有一种独特的眼光，就能创造出新的法规、新的组织，就能产生出田纳西流域 TVA。这种思想方法不断扩大其影响的圈子，让专家、职员、以及作为整体的人民合为一体。这种方法，不是只局限于 TVA 技术工作的范围之内。共同开发资源，必须达到共同的目标，全流域所有的人民和所有的经营机构，都要尽可能地使其与目

---

① 刘易斯·芒福德（Lewis Mumford），是美国作家，生于 1895 年，著作甚多，1932 年获得 Gaggenheim 奖金，所引《城市文化》一书，系 Harcourt Brace 公司 1938 年出版。——译者注

标更为接近。

这是一种人民的事业。全流域的人民都要全力以赴。我深信不疑，这个流域中的一切情形，在任何别的地方及其人民那里，也同样可以发生。一个高地的农民，一望便可知这种一致的情形是何等重要，正如 TVA 的农事专家们所了解的。诗人惠特曼说过"与自然共安息"，每个农民，除非是以这样的态度对待他的农场、乡社以及河流，否则此种事业便没有成功的希望。使这流域中的实业家对于农场、河流、矿物，都能够统观全体，就像 TVA 的工程力量所表现的那样，是十分重要的。这是因为，要使一个开发计划行之有效，只有当它是掌握在人民的心中和手中时，才有可能。我是要建树这样一种立论基础，在以下几章，就要为我的立论举出证明。

这是自然界的大循环。宇宙间这种庄严伟大的迹象，没有再比田纳西河流域生活上的电力装备更为明显的了。高出水面 6000 英尺的瀑布冲刷着山坡，从土层中、植物的根株中滤过，经过无数的小脉络，终于汇聚到一条河流中，这样的一条又一条河，最后流到 TVA 的水库中。再经过一条粗大的钢管，推动着水轮的运转。水力转化成为电力，再继续它的行程。经过 10 个这样的水库，经过 10 个这样的水轮，最后流向大海。每一时间都在创造电力。电力速度之快，真是难以言说的。它的剧热，又有些令人难于置信：它把磷酸矿的熔炉，烧到不能再高的热度，磷酸化学产品被农民用在田里，复苏土壤的肥力，滋养牧草，牧草又吸收无穷尽的太阳之光。这些牧草，于电力参与生产的磷酸肥料的滋养下生长，增长人畜的力量，排除淤泥，保持土壤中的水分，平缓了流向大水库的水势。水流愈多，则由水流所产生的电力也愈多。

　　这种无穷无尽的循环，真有起死回生的力量。它赐予生命、保存生命。一致的目标实现了，浪费和徒劳的事情减少了。出现的不再是旧日的贫穷与掠夺的故事，而是自然、科学与人的和谐一致。

第九章　基层民主：民享和民治

如此伟大的，既不是地球，也不是美国，

伟大和将会伟大的，是你，那儿的你，或任何一个人。

借以诗歌、庆典和表演彰显个性。

它正在飞速地跨越文明世界、权威和理论。

透过这一切，我坚信，忽视这种个性，一切将对我失去意义。

——惠特曼

人民，在开发资源上是最为重要的。利益和幸福，不只是人民的真实目的，而且还是完成开发事业的手段。他们的天才、能力和精神都是工具，这不但是"为着人民"，而且是"由人民来完成"的。

开发资源的目标，较之人类最大多数的物质利益，必须更为远大。在饥寒交迫的状况之下，我们不可能仍然快乐，这是实在的情形。然而，饱食终日，单单满足基本的物质需要还是不够的。每个人都会觉得，自己是相当的重要。他所要求的不但要自己发表意见，而且还要证明他的意见是如何的重要，愿意某些事情是由他所决定，或者由他决定某一部分，因而证明在某些事情上他的有用性和必要性，远比他本人为大。

这种个性发展的热望，在今天，比从前任何时代都来得强烈。巨大的工厂、密如蛛网的电线、神奇奥妙的机器装置、标准化，所有这些，都表明了个人的渺小，因为这些东西命中注定都不是个人的。如果尽量地开发资源，世界的前途，其主要的方向是能够适合于大多数人的生活。假如他们能够自己来做，就像在他们自己的小社会中所做的开发工作那样，在自己的土地上，为自己工作。这样，个人的欲望固然能够得到满足的机会，可是范围过于狭小了。人们不只是需要更多的物质条件，也是要更加健康、更加快活。

开发资源，不要用现代生活的非人力量来强制人们，抹杀个人的重要性。因为强制是违反民主的——"忽视了人，万般都无足贵"。

只有民主用无与伦比的方法开辟了一条路子，鼓励和解放个人的能力与创造性。无论在什么场合、什么情形下，人类的创造天才和他的手艺是值得称颂的。科学和大机器的世界，也仍然还是人的世界。现代的任务于我们是更加艰巨了，但是较之使用斧子和手摇织机的时代，民主的方法能取得的机会要多得多。

组织开发资源，现代的工作方法，不单是要根据协调一致的原则，而且还要能够借此把人们连带成为我们这一时代的伟大事业中的一分子，每天无论工作在田野、工厂或是办公室，都能够使人的天才得以发挥和运用。任何高度集权、独裁以及非人性的开发组织，他们把开发的事业操之于一个企业、一个工业，或者是一个政治团体之手，因而就不能达到上述的任务。

在过去的 10 年中，人民参与开发他们的洼谷，正是这样的广泛、这样的密切。

民主方法在精神上的收获，就是个人以一种更新的观念评价事物，其结果必是理由充足的。除此之外，在实际生活方面，利用每一个节目，使人民积极地来参加这地区的开发。我想，除了这样做以外，没有别的方法完成这种事业。协调一致的工作，时时都在调整那些错综复杂、头绪万端的各种业务，以使在技术世界中，一致地开发资源。这是把开发事业仅仅交予距离遥远的政府或是企业的首脑所不能达到的效果。

人民必须与这事业结为一体，为着管理上的必要也得这样，而从工作效率上说也必须这样。在我个人的经验中，没有比这样更加富有激励作用的了。有规划的管理，给人类精神一种上升的力量，这种提高效率的方法是屡试不爽的。从任何方面来看，除此之外，没有更好的方法。世界上没有一种法典，没有一种规章，能够详尽而有效地把开发资源的正确方法，条分缕析地显示出来；也没有哪个地方的统治者或特务警察，能够以高压强迫的手段维持长久的统治。在管理的意义上说，更没有哪一种蓝图或设计能够尽美尽善，足以适应一种企业日新月异的要求。除了人民而外，任何个体都不能满足这些需要。

自 TVA 的事业开创伊始，我和许多人都有同样的见解，假如要实现这流域整体一致的开发，只有使这地区内的人民尽量地实行计划、参与决定才能收效。这种意见，现在已经实现到相当的程度。每年甚至于每月，大家都可以看到，人民在参加这种基础工作上日渐强大起来，成为开发田纳西流域的设计者和机械师，虽然有时也遭遇些挫折。

在这一章和以下几章，我要说明，TVA 怎样在草根中从事于改良土壤的工作；在这地区的各处及各种生活中，在农民、工人、商人、公务员以至 TVA 与政府、地方政府之间，怎样使分权制度有效进行。我要说明，这些观念怎样地见诸现实了。于是我选定要从 TVA 如何将基层民主运用于土地改良工作的故事，着手我的说明。

沿田纳西河流域 22.5 万家农场 135 万个农民，他们的土地向来是他们的忧虑。他们每个人都明白自己所希望的是什么。他们明白，增加土地的生产能力，疏通沟渠与小河，保存土地的水分使土壤不至为水冲毁，这是他们所迫切需要的。但他们几乎都一样，不易改变做事的方法，他们追随着一种有权威的传统，不得已才改变。然而，等到他们对于某种事情产生了信赖之后，他们就更加热心、更有精神。

华盛顿的农业科学局和其在田纳西河的分局派去的农业专家们在土壤、肥料、打垄等等技术问题上，多年来都胸有成竹，都能够一一给出满意的解答。他们可以胜任，并且献身于自己的专业领域的工作。但是，在这地区之内和东南各州，农业收入日渐下降。有些县平均每一农户的收入每年还不及 150 美元。

土壤的损失很严重，佃农的数目日渐增加。得到专家的帮助之后，除棉业和谷子以外，情况都有一些改善。但因为进展非常缓慢，所以基本情形还是走下坡路。包括城市在内，所有农业县镇，没有专用电话线；没有专供农村用电的电线，没有公共图书馆，没有一家报社、医院，没有公共的卫生事务所。

联邦与各州关于农业问题的专业知识是很丰富的，然而大部分都还是一般性的，并不是特殊农场或是农业社会所需要的知识。这些知识要经过实验的科学结果报告，或者经由一个农业的分支机关的口头报告到达农民那里，都是一些个别部门的片段知识，每每与农民的具体问题格格不入。处理农业问题的方式多种多样，再加上政府所设 20 多个不同的分支机关，其结果使问题更加复杂混乱。

农村急需的并不单只是更多的技术知识，而是把农业本身各部门可用的知识与技巧结合起来。各大学中关于农场实习的各种技术知识，最后必得实验于流域中千万个农场。一个设备吸引人的实验站或试验所的情形，与实际农场的情形，可能是截然不同的。试验的知识一定要实施于农场，农场发展的兴替，是农民的问题。

还有，TVA 农业专业学校也很快证明了，只有农民个人才可能把所有这些可用的专业知识利用起来。因此，实行新方法的教育计划，必得以农民为中心。我们不希望农民仅仅提出来需要某种改良土壤的方法。我们希望，他们能够从本业出发，从实践中学习。他的邻里左右，也能够从他所实际取得的成果中学到东西。我们也不希望，仅有一个名不符实的表象，打着

"志愿"和"教育方法"等旗子，掩饰其威逼强迫或狭隘的政治目的。

经过一番研究之后，从工作中得出来一种方法，即由州、地方和联邦的代理处参与合作，使千万农家集中力量于实验农场的工作。我在前面已经说过，此种努力是有了具体成果的。这些实验农场上的农民们产生了两种观念，即协调一致的观念与民主的观念，并将这两种观念结合在一起。那就是说，开发资源的计划及执行，大部分必段经由人民之手。

这些典型的工作农场，就是这流域的教室。此地的农民和他们的妻子儿女，以及他们的邻居，学习并且实验了资源运用的一致性，学习并且实验了基层民主的原则。我们把专家掌握的技巧送给他们。在流域中的每一村镇，至少有一个或者一个以上的农村改进会，共有3.2万名农民会员。这些团体是由农民组成的，并且完全由他们自己选出的董事会去组织、执行。

田纳西河流域实验农场的计划开始于1935年，其办法是：一个村镇中的农民，由该村镇的代办人召集到一起，把实验农场的办法向大家说明，然后选取其中志愿以其土地作为实验之用的若干农户。最近，农民和专家们显然都已这样做了，一个村镇中全体农民，为着实验的缘故，都已组织成更有效率的单位，不再像从前那样散漫。这种由农民协会自己组织的团体，被命名为区域实验农场。有些村镇，竟成立此种农场20多个，包括80多户农家，自成一个"小洼谷"。

此种实验农场的核心作用，就是在土壤中使用矿质磷酸肥料。专家们很久都已明白，大部分的土地都缺乏这种肥料。大家也逐渐认识到，这是美国大部分土地的缺陷。20 多年以前，一位保守派的拓荒者查尔斯·范·海斯（Charles van Hise）先生说过："土壤中缺乏磷酸肥料，对于美国的发展前途，是最有决定性的、最重要的、最久远的问题。"这种情形，专家们知道已久。但是，灌溉同时也在毫不懈怠地进行着。我有一位朋友默根（Dr. Harcourt A. Mergan）博士，是农业科学家的领袖，他比美国任何人都知道得清楚，在贫瘠的土壤上使用矿质磷酸肥料，是最有神效的。但是，他也知道并且还耐心地教导别人，那就是：重要的事情不单是在土壤上使用磷酸肥料，而且是把整个农场的管理来一个改弦更张。这样，则磷酸肥料的使用可以成为调整土壤潜力的杠杆。从这一点，就可以看到并学习到"天衣无缝"的原则。

在专家与农场之间，还有一道思想上的鸿沟，这是以往的旧方法所没有解决的。TVA 所做的事情，目的就是要架一座桥梁在这鸿沟之上。

还有，TVA 把典型的属于技术方面与科学方面的各种问题，都集拢在一起解决，被有些人视为不属于"农业"范围的问题。发明家、工程师、运输专家和商人，他们在调整农场的工作上，也是亲手参与了的。在这些被视为与农业"不相干"的人们中间，化学工程师的地位与他们是同样的重要。过去，农民们因为费用过高的限制，不能充分使用磷酸肥料。TVA 的化学技术家们获得华盛顿方面和田纳西流域中别的部门的帮助，从 1933 年开始，在高度集中的农场里，制造此种肥料，降低生产成本，也省去了许多运输和包装方面的开销。

在马斯尔肖尔斯，第一次世界大战留下来的庞大的军火工厂，变成研究此种技术的中心。1935年建造了一个全新的制造磷酸的电炉，通过了试验阶段，技术上已证明是成功了。后来，TVA正式建设一个工厂，从已经风化的兽骨中，为农场土壤每年造出15万吨改良了的植物营养肥料。这些兽骨曾经是某个时期在田纳西中部生活着的海兽的遗骸，这就是磷酸肥料的真正始祖。此种产物，较之从前一般使用的数量多出了3倍。

政府办理农事的机关与TVA合作，把这种新的化学材料和产量丰富而价格低廉的石灰石用在他们的土地上，可以使缺乏地力的土壤生长豆荚与荷兰种的翘摇（一种供家畜饲料或作肥料的豆科植物）。此类植物，根上生着许多瘤状体，由细菌通过吸收空气的作用，使瘤状体中包含丰富的氮气成分。每使用磷酸肥料1磅于土壤中，平均就可生出3磅氮气。于是磷酸肥料与石灰石经过豆荚，就能增加氮气。这三者结合，形成新生的丰沃土壤。

一块土地，若是缺少了这三种基本成分，那就是不毛之地。虽然在洼谷每年冬季每亩农田上降落有6吨雨，但也无法生长任何植物。但是，富含这三种成分的土地，有了正确精密的计划，农民又掌握了耕种的方法，不但可以保持土壤河流之潜力，而且还富裕了人民。

这是新的现代化的专业知识：高浓度的矿质磷酸肥料与增加土地生产科学性的专家知识的结合。然而，必须使用这些知识的，乃是农场的农民。对于这些知识之有效使用，意味着农民对于他的农场必须做整体计划，并不断加以调整和适应。正如工厂的经理，对于一个新发明的机器，必须时时调整以使之适应现实的需要。这也意味着，当实际问题已经发生，计划中必须有技术上的措施去解决。他应当随时取得最能干的农民的意见。在其掌握这种新工具以前，他应当克服物理上经济上所有的困难。并且最后，假如国家和社会的利益都受赐于这种技术的进步，则此地的农民定然会明白协调一致在资源开发上是真理：一个农场里的树林、牧场，以至于一座房子、一座仓廪，都只不过是系统中的一个单位，而并非孤立的一个。同样的道理，土地与水，森林与矿产，电力与工业，在他们的工作和生命中，都是不可分割的一个部分。在某一个农场中，它是大自然环节中的一部分。

在这块土地上，农民们能够看到，科学是怎样地影响他们的日常生活的。以这种方式，马斯尔肖尔斯的化学工厂，诺里斯水库最大的轮转机，州立各大学的实验室，都对此有同样大的影响。换言之，科学界最后必成为人类的"工头"。科学，如果这样使之与人更加接近，则无论在乡村的或是在城市的人们，技术对于他们的意义，他们就能够理解了。简单地说，人民所能选择的是什么？假如没有这种知识，则自由人的民主选择权，又有什么实质意义呢？

这种基层民主的思想，对于科学家和平民，都是有同样好处的。技术是没有止境的。农民们使用矿质肥料在他的土地上，他们从中所观察到的东西对实验室的研究是极有价值的。它为日新月异的新发明开辟了新的运用途径。TVA 马斯尔肖尔斯工厂和实验室的情形就是这样。在那儿，化学工程师协助农民，替他们设计新的生产工具，适应他们的实际需要。在平民与技术专家之间，保持着一种交往的渠道。对科学、发明、工业，产生一种被需要的刺激，这是基层民主的又一种收获。

我们再来谈实验农场。地方既已选择妥当，第一步的工作，就是要给这一个农业实验室画出地图，制定一个登记目录。此种地图与目录，并不是为着应付远方的询问，把它当作"文件"保存起来，也并非是出于职业上的惯例，乃是他们邻近的农民与农业委员会做制定的。他们做出这地图以后，农民、技术人员、村镇的农业代表和实验农场的助理员，大家一起把地图研究一遍。他们携带地图与目录单，到当地实际巡视一周，有时候去过几次，研究几回，然后拿出一个简要的新的治理计划。把这一农场当作实验室来使用，并且保存详细记录，因此别人可以得到他们的实际经验。实验农场的农民可以免费使用 TVA 高浓度的矿质磷酸肥料，但自付运费，这就能为实行新计划而充分实验，并且允许邻居也可以使用这肥料借以保持土壤的元气、水分，此外并没有别的要求。一切别的调整方法，如必要数量的石灰、打垄、牧场以及为牧场建造围墙、小房子和谷仓和必要的机器设备等，都要自己花钱。大部分的农民都是靠着在土壤上投入甚高的谷子、棉花和烟草等收入来维持生活，因此对于产出的农产品，就必须付出更高的代价。他们的流动资金，即使有也很少。他们所要投入在贫瘠土地中的钱，老实说是一种"风险资本"。他们要担负这种资源上的冒险，无论有没有收入，一家老小也得度过收获后严寒的冬天。然而，他们曾勇敢自动地做这种冒险的试验：田纳西全州中，有 2 万人以上都参加了，并且成功了。

许多实验农场的农民在增加他们的富源的出产上已经获得成功。其中很多人在增加现款收入方面，或者在提高家庭生活标准方面获得成功。在收获的同时，还改善了土壤，复苏了土壤。这是非常重要的，因为这种方法是自发自动的，对任何人都不使用强迫的力量，采用的是他们自己的利益和这块土地上的公共利益相结合的方法。每个人都与 TVA 的共同目标合为一体。因此资源的开发，其利益人人有份。在这里，私人的利益是为促进公共的利益而服务。

这种新的做事方法，在一个时期，很惹得若干人怀疑。地方原住民间起了各种谣言。有一种谣言竟至于这样说，说农民只要一使用 TVA 这种矿质磷酸肥料，他的土地以后便归政府所有。然而看看垄亩间的实际情形，一块土地生着很少的而且是无用的蒲草，另一块土地则生着丰满茂盛的红色翘摇和苜蓿，于是人们的态度和趣味逐渐改变了。实验农场变成人们参观、研究和效法的对象了。在开展新农业中，受影响最大的就是一向没有做过实验的那些农民。千千万万个农民，将要用一天的工夫，把这些农场的实验室逐一看遍。

从弗吉尼亚地方来的报告说，那些从实验农场的大教室出来的"学生"们，回到家里去，都已经部分的或是全盘地改变了他们自己的农场。我曾经参加过农民的这种集会，几十个农民整天聚集在农田里热心地研究，提出问题，互相辩论，遇到困难的或者不知其所以然的地方，不断地寻求"专家"的答复。

托马斯·杰弗逊是弗吉尼亚地方的一个农民，他发现这种教育方法真是民主国家的基础。在 18 世纪成为真理的事情，在千百种技术掌握在每个公民手中的今天，必更为现实所验证。在这些农民的集会中，一个人走上讲台，报告他的经验，另一个人述说他的历史。这一个人的计划和那一个人的计划相比较。人们把在这儿学习过的课程，带回到家去实验。

例如，在亚拉巴马的一次集会上，从 8 个不同的村镇来的300 个农民都聚集在亚伦农场，参加一天的讨论。单从这一次聚会中我们了解到，这是受实验制度影响的 15 万亩土地的代表。亚拉巴马最初有 1 万亩土地，为避免被冬季的雨水洗刷，种上了荚豆。此外还采用了一些别的步骤，保持土壤、恢复土壤，保存土壤中的水分。在出产方面，产量增加了30%至100%，曾经达到美国土地的最高产量。产品供给附近的村镇与城市，以及远方的制造业中心。

农民们所想到的，首先自然是他自己的土地、自己的家庭，然后才及于他的邻居。他与邻人开始工作，他关心的第一件事情，就是他自己的农场，然后才是公共防火的设备、学校、公共卫生问题及教会。因此之故，先从"改良土壤"，或者说"改良耕种"着手做起，通过人与资源协调一致形成的不可克服的力量，很快完成工作。正如总统①关于 TVA 问题向国会的咨文中所说的："对于人类的各种事情予以接触并赋予生命。"

农民们开始在一起工作了，把他们的努力集中在一件更为重要的事情上，是比任何个人还要重要的事情。简单的实验农

---

　①　指罗斯福。——译者注

场发展为区域实验农场，广泛成立乡村协会，由各村镇推举代表组成董事会，从磷酸肥料与石灰的使用中生出各种利益，饲养牲畜、改良品种等。假如没有牲畜与羊群，农民则无从利用他的牧场和草地，以至将它们白白弃置。

这牧场所产的肉类，怎样冷藏呢？这对于一个技术人员来说是一件简单的事情。农场工程师提供了答案：一个有抽屉的冰箱可以供给 12 个家庭。这并不是大而无当的计划或者空想，专家们都是贴近于人民需要而不是幻想的。这种冰箱简单，每个乡村的木匠都能以低廉的成本做出来。最初是在白松村做出一个实验的样品，后来这种样品为大家所乐用，就被 TVA 买下来了。于是许多村镇都相继购买，风行一时。千千万万磅的肉类都依此而贮藏起来。因而，收入增加了，千万家农户的食品也改良了。这种事情，不单只说明了客观上的需要，也说明了专家们的工作能够适应人民的需求。他们的贡献，使人民既可以选择取舍，又提高了他们的饮食水平。

关于流域中专家所设计、由农民团体与机构一起实验的事情，许多别的技术专家都对此有大致相同的回答：田纳西河洼谷在战争开始以前就已经小有成就的有：粮食除水机、轻便灌溉、简单而费用低廉的谷仓干燥器、新式农业所用的小型电力马达、轻便打谷机、制冰机等等。所有这些技术上的努力，使一个农民可以实现他的向往。这就是说，他这样的做法，可以保持他的土壤。这是一群农民集合在一起研究"机巧"的结果，大家做出集体决定，并且最近时常向商界定制工具，以适应自己的需要。

　　购买牲畜饲料或者筑造围墙，出售鸡蛋、果酱或牛肉，对于农民个人，最好是采用市场集体交易的方式，经由管制实验农场的协会来办理。现在，经过自然的进化，农业改进协会在丰富农村生活中，在各种计划之间，发挥着中介的作用。

　　在田纳西河洼谷，共同工作的影响促成了土地的肥沃。保护土壤，使得它的生产能力日渐加强，这不但关系到人类生活的问题，土壤复苏对于人民及其团体的功劳，一如对土地本身的功劳。学校的建筑刷上了油漆，装上了灯，有的还重新改建。教会与村社的活动，因为受它的刺激而更加活跃。人民所参加的几十种活动，都普遍受此影响。这种事情，只有那种愤世嫉俗的厌世派才会感觉奇怪。当人们抓住了共同的目标，怀着人类的信念，以最大的深度与广度开发保护自然资源，也是人类精神上永不磨灭的功绩。这真是一切结果中最重要的一个。

　　在这里的乡村生活中，另有一个同样的、因技术而产生的果实，那就是电力。这里的农民们也仍在共同工作着，组织他们自己的电气合作社，有时还反对私人经营。如同磷酸肥料一样，电力成了一个在很多变化中都起作用的杠杆。电力在农村实际管理中引起了许多变化，在保持土壤的同时，也使之加强了生产力。轻便的电动马达、冷藏库、电力冷藏牛奶和用电力建立温室等等，都意味着农场收入的增加。而农民也可以用多得的收入购买更多的磷酸肥料，多买些牛；多准备些饲草、冬粮、荚豆，少预备些谷类与棉花。

　　如同在磷酸肥料中，电力在技术上也发挥着杠杆的作用。在统一开发资源中，电力所尽的义务，远超出改良生活的目标。

比如，电力到达乡村，使乡村的学校标准得以提升。一架电炉或电冰箱出现在农村厨房时，也同样发生了重大影响。厨房重新油漆，穿上了新的外衣；用具也都擦光磨亮了。不久，所有的房舍全都焕然一新，新的房子也建造起来了，炫亮的光彩充满了这块地方。收入增加了，这地方富丽堂皇起来，也都是电力使然。你可以通过观察井然有序的房子，追寻到新的电线的踪迹。

当基层民主的原则被人遵循了，电力就如同土壤中的矿质磷酸肥料那样，对于人类生活提供一种刺激的作用。这种作用，也同大家为着任何比个人目标更大的目标而共同工作，有相同的伟大意义。由于这样的联合努力，公民共同的参加，个人的主要自由扩大了，他的满足增加了。

一个共同的目标为基层民主的方法所延伸，这种方法不只是使着相邻的村子更加接近，而且使乡镇之间、企业之间也都更加接近。随着时间的进展，全地区都是这样地发展着。从这一个地方到那一个地方，全有此种影响。北卡罗来纳地方的农民，居住在沃托加高山或者杰克逊郡的人们，都与弗吉尼亚、亚拉巴马，乃至西部肯塔基的人民更加接近了。一个共同的目标，造成我们这一个洼谷。

这种富有团结力量的影响，并不单单给予了田纳西河洼谷。在这洼谷以外的 21 州，其中有南方 7 州，同样的实验农场，用的都是 TVA 的磷酸肥料。现在已有 5000 家农场及农民组织起来团体，一切活动与业务都是按着同一的路线发展，虽然规模不甚宏大。

　　不久以前，从著名产奶区的威斯康星州，载来坐满两部公共汽车的农民来洼谷参观。他们发现自己的地方有些不对头，于是用几天的工夫走遍了田纳西州和亚拉巴马州的实验农场。到了今天，威斯康星已经有 70 个同样的实验农场在使用 TVA 的磷酸肥料。这几年来，我有一个最感快活的经验，那就是眼看到威斯康星的农民同亚拉巴马的植棉的农民，精神十足地坐在司机台前，高谈阔论他们在耕种中所得的经验，而他们的祖先，也许还在战场上打过仗呢。然而，这些公民将永远也不会想到亚拉巴马和威斯康星的人们会重蹈战争的覆辙。并且，来到这洼谷的万千的巡礼者，无论是来自墨西哥的、中国的、巴西的、澳洲的，以至于更多外国地方的，其意义都远不止于这亚拉巴马农场中两位农民的谈话。

第十章　人类能量的释放

TVA 基层民主的故事，并不单是保护土壤的故事。它乃是古代的民主原则之现代运用，并在促进共同的目标上，解放了人类的精力。

人类的能量在实践中可以建设一个区域，可以使人民生活富裕，这绝不局限于某一种人或者某一集团。这儿，农民、工人、商人、图书馆员、牧师与医生之间，并没有多大分别。在开发资源的任务之中，生活在洼谷中的每个人都是有用的，只有程度上的不同而已。

一个人无论他所从事的是什么职业，他积极参加这一基本工作中所得到的个人满足是很大的。在自己的农场或是在 TVA 的水库工作，从事于公共的或者私人的工业研究和工业发展的工作，促进 TVA 新建湖泊以发展交通运输，个人都能够得到满足欲求的机会。在各种工作中，基层民主的原则是一样的，每一个计划与每一个动作，都不免为这样的问题所考验：这种促进一致开发的活动，采用的是增加人民收入的方法吗？在这种基本工作上，是否能给予人民充分的机会，释放人类最大的潜在能力，而使之尽量发挥？

举例说，实际参加 TVA 建筑工程的建筑工人，已经看到了这流域的全貌。这些人在这一区域的建设上，担任了积极而且是主要的工作。TVA 之特殊的方法所获致的这种结果，自然与农民的基层民主有所不同，然而原则上是一样的。我已经说过，这些方法是已经试验过的。

用倾注水泥的方法得以建筑起创世界纪录的道格拉斯水库，TVA 的工人们明白，马斯尔肖尔斯巨大的电熔炉的火光，或者沿着电力传导台而延伸的铜缆与铝线，事实上都表现着他们的精神。他们这样为这流域而工作，实际也就是为他们自己工作，为他们自己建设，他们的工作换来了廉价的电力。洼谷资源的开发意味着，越多合适的民营企业，也就给他们和他们的子孙掌握技巧，提供越好的机会。

从 1933 年起，TVA 好似千万工人的直接主人似的，开始了它的建设工作。在 TVA 完成指定工作的各种不同行业的工人，至少有 20 万。这些人差不多都是来自田纳西流域的。千千万万的手艺人——木匠、机器匠、电业工人、铁路工人、航业工人、蒸汽机工人，在这建设中都是需要的，他们构成了人事管理中的主要部分，并且被纳入建设河流的计划之中。

在过去的 10 年之中，这些人不止一次在完成了一个水库的工程后揩净了他们的工具，过了几天又来到几英里之外，或者越过高山去开始另一个水库的工作。有些人让他的儿子跟随自己学习手艺，等着机会到来，顶替他父亲的职务，或者就作为富有经验的日工参加 TVA 的建设工作。人人都知道，这个少年是可以担得起这份工作的，因为他在学徒期间，是按部就班、一步一步在学习的。教导他的人已经证明他已掌握手艺，而且是由同业公会和 TVA 的经理人联合监督与指导的。建设 TVA 的工人，几乎全体都是同业公会的会员，他们和他们的组织，几年以来一直与 TVA 订有正式合同，关于工作时间、工资、工作条件以及伤害赔偿等都有详细规定。工人承认参加这流域的联合开发工作，在合同中是有公开说明的："TVA 事业的公共利益，永远是至高无上的……"

兴建水库、提供公共也即是全流域的利益，工人们一如对待他们自己的利益一样，让电线永远通着电流，让常用磷酸肥料送到土壤中。按着个人所完成的工作性质，以最低廉的费用，尽其最善的努力，这在任何地方兴建主要水库的时候，都是记载得明明白白的。工人群众和他们选出的领袖，已经把 TVA 的事业视为他们自己的事业，把全洼谷的利益视为他们自己的利益了。

"管理"这种事情，在 TVA 占着很少的比例，主要是在征募工人积极参加治理河流的方面，尽其组织上的努力而已。自从 TVA 的事业开始以来，便证实了南方工人真是呱呱叫的，他们对新技术能够操纵自如。工资标准和工作条件，都经由会议和集体磋商的步骤来决定，达到了有效率、成本低而质量高的民主的要求。自然，偶尔也有相反的记录，在开创伊始的 TVA，也有人认为水库的工作，只不过是获得政府职位的一个机会。在管理者和工人代表中间，少数心存抱负的强硬派人士误以为这是个能让本地人揩油的机会。然而，大多数人却与此有不同的看法。

挑选工人的方法，产生许多好的影响。1933年，为修建第一个小路的枢纽，诺里斯水库需要补充几千名新工人，于是TVA在7个州的179处村镇举行一次考试。这次考试的内容一部分是需要图解的，因为我们是在挑选机械人才和具有一般常识的人才。铅笔和纸张放在面前的时候，人们每每就容易集中意志。在指定的一天，原先申请工作的6万人之中，有3.8万人分别聚集在他们自己的乡村小学或者乡镇公所，第一次替TVA工作。这是一种守信用的行为，从前一向没有人用这种方法来挑选建筑工人。但在经济恐慌已经持续了几年的当时，千千万万急于找得工作的失业工人，企图利用政治或权势的关系，在政府机关中找一份工作，这种工人考试的办法是值得一试的，或许对他们，也是个一显身手的机会。

TVA对于这些工人是谨守信约的。开始此种工作进行的情形颇差强人意。所有他们工作成绩的统计记录和考试记录，都是在考核中相互对照。于是TVA的工人考试办法，每隔几年要做一次修改，并且连续实行，这成了TVA"工作效率"一再实现的象征了，因而不需要"强推"工作就可以顺利地进行。

来自山中的人们，他们把山中的农场留给亲属去耕耘。经验丰富、老练的建筑工人与五金工人从城市来到这沿河流域。坎伯兰高原的煤矿工人来参加考试。他们经过一次罢工以后，许多人便失业了，矿场从此停工了，工人也都走光。这批人最近都被TVA招来工作。几个月以后，在诺里斯水库，人人都可以看得出，这是一种不平凡的建设力量。TVA这批工人们，在他们的工作和同业公会的聚会中，都已表明了 TVA 事业的成功以及这地区建设的完成，与他们都是利益相关的。工人们说，他们需要接受训练，因为还有别的水库工程必须进行。诺里斯水库的兴建只是一个开端，假如 TVA 所得的记录良好，还有很多水库和全流域的电力系统都将开工建设。工人们说，他们愿意了解关于降低电费的内容，他们也希望知道对于马斯尔肖尔斯硝酸盐工厂停工，TVA 都采用了什么措施。

工人们竭尽心力地从事工作，这表示了 TVA 的事业之兴衰与他们利益相关。来到这里参观而与工人谈话过的人们说，他们由此可以意识到在 TVA 人们的既定目标之所在。各方面的报告，工作上许多失败的事例，证明了他们对于 TVA 的广大目标忠贞不贰。这些事例，每每被夸大其词地宣传着，因为人们相信，这全盘事业的公共目标，或是被管理人或另外什么人破坏引起的。对于这种情形，他们主张能够采取某种对策。

其余的水库都追随诺里斯水库建设的进程之后，其工作情形与工作进度大致是相同的，如惠勒水库，在匹克威克、甘特斯维尔、奇克莫加、海沃西、肯塔基、沃茨巴、切罗基、道格拉斯、丰塔纳以及许多别的地方。1943 年的情形，较之 1933 年，人员波动较大，但现在也正常了。这种情形下不难了解，工人很快在组织中发挥了作用，因为他们明白自己所能做的是什么。

在开发这洼谷的组织中，工人的利益和股份并不只限于使用 TVA 的支票。遵循着 TVA 的管理而工作的工人领袖，已经看到了 TVA10 年来努力的影响：他们在千方百计斩除 TVA 因而也就是他们自己前进道路上的荆棘，以把握改善生活的机会。水灾毁灭了工厂、工作与家庭，摧毁农村土地，许多人都从这些痛苦的经验中获取了教训，他们明白，TVA 开辟了一条挣脱这些毁灭力量的道路。

在会议桌周围，对于这流域怀抱着坚强的信念以及工人们热烈助成建设前途的愿望，是屡屡被提到的。各行业主要负责人的代表，每年集会商讨关于工作管理、工资调整、工作规则的问题，修正或追加他们和 TVA 之间的协定。在历次的各种会议中他们都表现出来，TVA 不只是一个工作的地方。这种看法，在 TVA 的行业会议和劳工会议中几次被提到。这是代表着 15 个同业公会、2.5 万名雇员的实际情况和他们的意见。

在参与流域建设而工作的各种联合经理委员会或在联合管理委员会的交替工作中，对于学徒训练，他们也表现出同样的态度。为联合协商和实际经验所规划的这一复杂机构，是一个稳健妥实的公民自我教育的过程。对于流域的经济，采取这样的学习方法，不只有益于工人，而且解决了全体人民的问题。当人们离开了 TVA 而自寻职业时，他不只是带着新技术而去，并且还带着更多的知识。

参与 TVA 事业的有组织的劳工领袖们，出于对这地区的前途的关心，以现实主义的精神处理各种问题。参加这工作的同事提交的各种报告，比如关于实验农场的，每一部门都是把经验教训贯穿于全流域的实际生活中。这些领袖们，田纳西流域各行业公会的会员们，在他们各自的社会中都是积极负责任的公民。姑且举一个例子，流域中一个大城市的战后计划委员会的委员，对当地工业前途上的若干问题感到困惑，这正是全地区困难的缩影。还有各州劳工联合会主席，也是这流域会议的会员，在各种公共事业，如教育、开发实业、保存及使用资源等的顾问委员会中非常活跃。全部地区中，待人裁决的事实，都是在工人与经理人中进行磋商了的，其基础还赖于这些工人领袖们的丰富经验。换言之，他们对于这流域的知识是完整的。它的潜在能力和进步的水平，从会议中选出的 TVA 的干部正在考虑和寻求，劳工领袖怎样与 TVA 直接合作参加工作以外的各种活动。

　　TVA 工人与经理的自我教育，还产生出另一种结果。在法律上，TVA 要求实行"与工作相近的工资水平"。劳工与经理两方面，通常都进行普遍的调查，每年调整一次的工资协定，就是根据这些而定的。协定是依照 TVA 地区实行的一般工资率为准绳。在达成关于这个复杂的问题的协议的时候，有两个不同的条件呈现出来：是按照 TVA 每一企划中所"通行的"在某一特殊地方的工资为标准，还是按照 TVA 全部企业的一般平均工资为标准？

　　这个问题，引起了工人队伍自身发生无数的利益冲突——地方与地方，地方与全流域。但是，第一次以致后来每年一次的关于工资的协商，都是以全地区各处相近的看法决定的。工人整体在支持这种政策上有所收获，这是很显然的。可是在某些特殊情形下，也有所失。因为 TVA 通行的工资水平，既不是最低的，也不是最高的，在数量上是折中的。在这一过程中，劳工与经理两方面，从现实的教训中，得到了这样的衡量方法：

最好的采行办法，能促进 TVA 全地区的工作效率，提高工作标准，以有助于全地区的开发事业。

1943 年 9 月中旬，TVA 本部人员与董事会、全流域行业公会执行委员会和工会举行一次全天会议。所讨论的并不是关于工资与工作时间的问题，这些问题完全没有谈到，讨论最为详细的，乃是战后复员的问题；乃是东南各州与内地的错综复杂的运费价格差额问题；乃是全流域将来的土地与肥料等问题。

这些并不是"劳工"问题。这些是关于工人、商人和农民之普通利益的问题。因为这三种团体，在流域开发事业上发生着日益密切的关系，对这些问题能够聪明地把握，就自然构成了工人、商人与农民之间的联系纽带。

田纳西河流域的工人，对于改造全流域的事业，用不着急求工作，也用不着对其忠诚加以保证，这其中有一个简单的原因，那就是他们生活在这里面。这些人中，也有许多人曾经生活在拥挤不堪的东部和北部的大工业城市里，而且最近还在西部的大工业城市中住过。在那些他们住的富有的地方，他们绝少安居不动，而是挑选适宜的地方从南部迁移出来。这 10 年以来，他们看到洼谷发生了变化，愿意在这里生活，在这里工作。这些人生活在这美丽洼谷的山岭、斜坡和平原上，他们在城市中建立已久的亲戚关系继续维系着。一个人甘心情愿生活在这一个地方而不愿意生活在别的地方，此种基本事实，在民主政治的任何计划中，都必须重视。

TVA 基层民主的工作方法，适用于商人，也同样适用于农民与工人。这 10 年以来，洼谷中所生的变化，在商人方面是极其重要的，最初虽然很多商人都持怀疑态度来看待 TVA，也有的人把它只视为是一个发电所，或者另一种形式的"政治"。但是到了最初 10 年的末尾，对于 TVA 区域建设的思想大多数商人都已十分明了，并且诚心诚意地接受这思想，认为自己也是其中的一分子，与农民和工人对 TVA 的观感已经没有什么不同。TVA 基层民主的方法，在经费的方面，有些问题时常与商人接触，商人接受了 TVA 的宗旨与方法之后，对于一致开发洼谷资源，确实有很大的贡献。

使我最感兴奋的乃是，我认为最重要的一致开发的办法，现在已经为多数商人所明确承认，都同意资源的一致性，都同意农民与商人在共同开发资源上的一致性。他们现在也都明白了，可以用简便的方法，在 TVA 学习我们大家都已经历过的、现在还在成长中的民主经验。我手头有一份占半版报纸的亚拉巴马牛奶场出品公司的广告，那就是我心目中最质朴最纯真的一幅图画。这个企业五年以前在亚拉巴马的小城迪卡图成立，以当地的资本，由当地人管理、制造奶酪。在亚拉巴马北部还是第一家，它的广告开始以大楷字母这样写道：

奶酪厂是人民与 TVA 的儿子……

那些与冲毁、侵蚀土地斗争的农民们，TVA 给他们以新的希望。TVA 广泛治理冲毁土地的计划，本着它尽量利用土壤以栽种的土地复苏计划，使耕地日渐肥沃。

电力来到田间，使各种计划都因之大放光明。此种电力，主要在帮助农民来扩张他的农场，使之多设分支单位，而不仅在乎使某种谷物增产。

农民现在根据专家的建议，创设了一个完美的牛奶场。历经苦心经营，现在已经是初具规模了，因而需要一个市场，以销售它的产品。

我们因此开设奶酪厂⋯⋯

商人与商务企业，逐渐了解到每件事情的相互关系，而且它们都是依附于 TVA 而存在的，有一个木浆造纸的例子可以说明。这种工业需要大量水源供给，它用的就是田纳西河支流从山上流下的水。造纸公司现在要解决的一个问题，就是每抽上4500 万加仑的水，会夹杂大量淤泥的问题，而这些淤泥都是从农田中流入的。

在这工厂附近，是一个农业实验区。造纸公司的职员留心观察，使用磷酸肥料的农田中流出的水，所夹杂的淤泥比从前少了，这是因为斜坡土地上所掩蔽着的农作物已经有了改良，因之各处所排出的水量几乎相等了。在这公司引水的地方，农民们倘若能够将上述保护土壤的方法用于农业实验区，就可以减少水中的淤泥成分，从而筛除淤泥的工作就可以省略。因此，商人们自愿对实验农场的建设予以财政上的援助。他们都成了海伍德郡土壤保存互助会和土地利用协会的会员了。最近我参加一次集会，是由这实验区的几处农场协会组织的，会员包括600 家农场家庭。一个公司的职员站在那炎热的八月的阳光下组织开会，与农民们一起检查种植荷兰翘摇或莓系属植物的牧场。

商人的"眼光"远大了，农民因为在业务上与商人接近，对商人的了解加强了，视野也随之扩展了。他们明白农业实践要朝着工业方向发展，他们的子孙与邻人都要赖此维持生计，这是多么重要的事情。

给商人寻找特别利益，最好的办法就是引导他的企业股份进入联合开发资源中。洼谷开发中的一个新发明，用压力蒸汽锅炉从棉花种子里提取油料，就是一个例子。

在离南方约 420 英里的地方，从事棉籽提油的工业大多是小型的企业。他们从弹棉工人那里买来棉花种子，从种子提出棉油以后，再把剩下的渣子卖出。这种业务在植棉业中很流行，经营人靠着运气解决其生活问题。虽然现在暂时不适合大量产棉，然而南方市场仍以棉业为中心，即使在将来的许多年内，这种情形也还会继续下去。一部分南方土地肥沃与否，系于棉籽提油工业是否成功，这又是"天衣无缝"的一个例子。在南方已经榨油的棉籽渣子，假如还用它饲养牲畜，则全体渣子的 80% 的肥料价值，可以重新回到土壤中去；但是假若把它运到别的地方，就不会有这份收益。但运往别的地方，是常规的办法。假使东南部的棉籽油工厂的商人要想赚钱，他就将棉籽油渣子在当地消费而不输出，因此全地区都受了好处。在这种情形之下，土地施肥的一部分是操在商人之手的。

棉籽油业的商人有一个时期境遇非常艰难。几百家小规模的炼油厂，有几年的工夫，都在利益微薄的状态下勉强挣扎。在 TVA 成立以前，差不多 40 年中，炼油设备一直没有改良过。

洼谷中的技术专家们和田纳西州立大学，以及代表两个棉籽油业协会的商人，经过几年时间的实际工作后，发明了压棉手的锅炉装置，这是棉油业技术方面的飞跃进步，这种发明已为公共机关所用。而此种机器的制造，是特许几家著名的工厂承接的，南部许多棉籽油工厂，都已经装设此种机器。在帮助商人获得更多利润的同时，这种机器的装置也在土壤肥料方面提供了更多机会，因此也是帮助了全地区的开发事业。

　　木材使用工业提供了另一个在基层工作，转向公共技术代理处的商人的例子。在这一重要事业中工作的人们发现，他们能够把全洼谷森林资源的项目，如数家珍般地列举出来，如树木的位置、种类、年轮、价值、现有数目，以及与生产有关的各种情形，无不通晓。比如，一个制造厂商要制造枪托，需要更多的胡桃木材以适应大量的军需，便要求各方推荐存有此木材的工厂。于是 TVA 可以提供特别详细的专业报告，并且推荐存有此种木材的厂商。因此之故，此种新工厂便可列于现在的商业企划之内，而不至于把现在生长着的胡桃树竭泽而渔，一次用光。现有的此种木工厂，都是为适应这种订货而设立的。

　　商人们有这种信心，因为他们知道，商人必须创造利润。从这地区资源的角度说，上述推荐厂商的办法是对的。由此还开辟了一个非营利性质的树苗市场。开发洼谷区的资源，从此也得到助力。其他商人也参加到联合开发流域的事业中来了：利用一向被人视为废材的木块木条，制成合成木板，此种合成木板最适于充作地板或楼梯。所谓"废物"，一经人们如此利用，便成为上品，在地板工业上可用作最好的硬木材料。

　　自然，在拉着商人参加联合开发的工作上，其努力惠及任何集团。开辟田纳西河的运输交通事业，商人们也表现了一份努力。这也表明了在基层民主的道路上存在着一些困难。

　　美国的内陆河道，只有比较大些的航运企业在运送煤炭、油类、沙石及小麦等时使用。此种传统的而且是重要的运输事业，其本身对于流域的全部开发没有很大的帮助，尤其对制造业的帮助更少。现在所需要的是一些小规模的航运企业，因为船身小，不必拖曳泊船，可以运载那些制成品或半制成品，如制做面包用的苏打、棉织品、肥料、汽车、面粉、无线电器材及家具等。

怎样才能够达成这一目标呢？一个办法就是由 TVA 自己组建内河航运企业。这就是说，由 TVA 派遣运输行业专家团体，吸引有先见之明的航运企业家来参与内河航运企业的建设。但是这种办法已经过时，因为按照基层民主的原则，要采用另一种途径。在促进内河航运方面，商人如果愿意承担这份责任，直接与有远见的航运者合作，就可以拉着他们参加全地区资源开发的事业，同时也就把他们改造成为洼谷区的新公民集团。凡是直接参加管理建设的，都将得到补给。

有些商人多年以来便认清了这条河将来会给他们带来利益，因而他们敢于领着同业来参加，组织起一个私人的团体——田纳西河水路会议。这个会议与 TVA 的技术专家们，共同设计了许多码头，以联合铁路、公路与水路的交通，使没有力量自建码头的小航运业者也来参与航行而无须更多的开销。至于建造这类联运码头，TVA 已获得国会的拨款。

因此之故，田纳西河流域的商人对于内河航运都积极参加。为研究有助于河道通航的一切，广泛的交流开始了。商人们与 TVA 商讨很多问题，不只是关于航运专业的问题，而且有关于工业、铁路、农业、化学以及其他特殊问题。不久之后，大家便都一目了然，关于河道使用方面并不止于运费问题与节约成本的问题。

像实验农场一样，内河也变成了一种课堂，此时的课堂是专为商人而设，为着共同开发资源而设。从每一个特殊部门的立场来看，森林、矿产与农产品与工业及运输业之间有密切的关系，正如磷酸肥料与电力一样，内河也成为新思维方法的刺激力量。而此种思维方法，又在培养新式工厂、新工业观念，解放了人类的创造能力。水路会议的领袖们，这样执行此种公共职务，内心自然获得光荣与满足。

我已经说过，这一段历史，也说明了施行 TVA 方法时面临的许多困难之一。在诺克斯维尔，田纳西河是沿河最大的一个城市，可是当地的商人领袖对于 TVA 的办法竟然毫不动心。其实，对于全地区而论，为此种目的而建造码头，尤其在战时是很重要的事情。TVA 面对着这种试验，不等着当地人起来开发，自己甘为前锋，先主动着手开办交通事业。我们以为这在常理上说，是无可指责的。然而，根据我们的实际经验，我们深切地体会到，没有人民参加的事业，是很少有效果的。

此种事业，除非有商业界参与合作，否则在必要原料异常紧缺的时候，建造码头以利战时运输的企图，是不会成功的。因此，我们决定在此种情势还没有改变之前，要把这工程无限期延期。此种决定，也曾引起洼谷区部分社会舆论的激愤与不满。

但是，诺克斯维尔的实业家们马上看清了这一点。他们组织了一个委员会，并且召集制造家们和其他有眼光的航运家们开了一个会。在第一次会议中，一位银行家——他是会议的地方委员，对当时的局势有下列的评论，当时报纸曾经发表过："在这件事情上，冷淡无情、毫不关心的态度，我们是负有责任的，虽然我并不相信——我们把这比之于圣诞节。圣诞老人来了，除了挂起我们的长筒袜而外，没有任何别的事情，而且不到圣诞的前夜，我们绝不挂起它们。"水路会议的主席是别的城市的居民，凡有需要他的时候是他极其勉力的。自然，TVA 的干部在技术问题方面尽其所能。这一个人民委员会的报告说明，这一委员会所创造发展起来的、前途光明的交通事业，显然不是 TVA 自己的干部所能独立完成的。

倘若 TVA 接受了这种官僚气十足的圣诞老人的作风，倒是可能使事情变得更单纯更容易，并且可以减少互相攻讦的不愉快的情形。然而，单仅在经济效果上观其究竟，则影响殊少。民主的方法，不单只在人道主义上是合理的，尤其重要的是注重"实效"。

联运码头建造起来了。战事结束以后，TVA 计划把这些事业移交给几个全流域的非联邦的公共会社来管理，由此可以更好把握让实业家参与的政策。

民主的方法常常是迟缓的。有的时候，用力颇久而结果全无。但同一事情，假若使用另外一种方法，就可以很快水落石出。然而，无论慈母之养育婴儿的工作，还是实行专断独裁的行动，其好处通常是暂时的，而且常常更表面而非更实在。

第十一章　实业家的决定

　　企业家的决策从来没有像今天这样重要。在我们所有人都依赖的资源方面，企业家的思考与行动方式，他们运用现代专业技能的方式——一言以蔽之，他们政治才能的广阔性，将决定我们的资源利用的未来，从而决定成千万上亿人的命运。

　　正如我们所知道的，企业家的命运也可能存在一样的风险。如果企业家失去对人民的信心，那么雄辩的演说和整版的广告信息，对私营企业优势的赞美将成为空话。如果在未来几十年，人们认为有另有途径可以使他们变得更好时，他们会认为工业化的结果很糟糕，随之肯定会失去对工业化的信心。

　　只有一直住在一个工业仍然相对落后的地方，一个人才会认识工业化对未来而言是多么大冒险。那种自然而瑰丽的风光不会不使你联想起工业化给许多原本可爱和充满活力的农村——如莫农格希拉和泰恩，特拉华和俄亥俄——所带来丑陋、浪费和混乱。现在以工业眼光来看这片流域——就像全世界很多流域一样，这里正不断规划着大规模的工业扩张，人民在规划和建设工作的同时有可能促使自然资源得以持续开发，自然美景免于被破坏。现在，人们有机会看到自己的幸福，在城镇化过程中并不因缺少智慧和远见而做出不必要的牺牲。难道我们只能在贫困的田园生活与工业贫民窟之间做出选择吗？私营行业能够在有盈利的情况下利用这些资源，同时维持自然的活力与长久生命力吗？企业与公益能双赢吗？现在已是对此做出肯定答复的极好时刻。

在田纳西河流域，这样的答复可能某种程度上在于 TVA 将公众利益与企业家的私人利益融合得有多么成功。看上去，TVA 正在这片流域通过自愿、非强制的手段，揭示、发展并促成一个公众利益与私人利益相结合的原则及实践。就这个问题的影响面来衡量，TVA 的实际经验朴实无华，但它肯定是鼓舞人心的，并且对整个国家的工业和人民意义深远。这一点，尽管前面章节有所涉及，但某些方面仍值得更详细的讨论。

TVA 在某些具体方面所寻求的，可以简单地陈述如下：承担起一种义务，使私人利益与绝大多数公众利益在自然资源开发中均获得保证，并且能够协调一致地使得开发工作富有成果。采取的方法是：努力将公共专家与管理者的技能带入平民中，不是消极地加以监管，而是在对私营行业可行且具有吸引力的公共利益方面采取积极行动。这是 TVA 与众不同的试验内容。这里的公众利益，所指的是人们——人类中个体的人之集合——的利益，而不是扮演工资赚取者、投资人、选民或消费者之类组织中角色的"人民"的利益。总之，"个体的人"指的是男人、女人和小孩。

在私人利益与公众利益发生冲突的时候，在缺乏管理或管理过分集中情况下教条主义泛滥的时候，在这些冲突变得僵持与混乱前，专业技能如能紧密地与解决这些冲突相结合而发挥作用，则对于增进人民的福祉将是最有效率的。我们已经取得的如此丰硕的成果和良好的前景，其原因就在于对这种方法的真正考验还在未来，也许还在这一代人之后，对此我是有充分认识的。

加工原材料是私营行业的一项主要工作。对于从事这项工作的企业来说，消费者应该为该项工作支付所需的所有成本，包括足够的利润。然而，这些资源是人类共享的实体财富。因此，如果它们被浪费了，或者不加思索地用掉了，一个民族的所有人都将成为束手无策的破产者。一种文明只有在它达到了有能力维持其资源的持续生命与创造力的时候，才会是强大并具有长久生命力的。从这条历史规律来看，不可避免地会有意料不到的困难出现。这也是基本的事实。

企业界精明、富有远见的资源管理是关乎国家生死存亡的大事，但这不能仅仅依赖于工业界的良好意愿。私营行业很少能够独自（这一点经常被忽视）去特别留意保护基本的资源方面的公众对利益时需要做些什么；或者作为一个行业，能够采取何种保护这种利益的行动。但是，当一次又一次它们不能这样做的时候，我们都通常会以一种自以为是的狂热来"蔑视"企业家。作为一种补救措施，合法的惩罚被强加在它们身上。最近增加的补救措施是加强某种形式的监管，这些都是迟缓和消极的。通常这只是一种事后诸葛亮似的判断：它假定企业清楚应该如何保护公众利益，但故意不去运用这方面的知识。

一个行业很可能有最热切的愿望去保持人们的资源偿付能

力与他们的长期利益的平衡，但是，可能它想做的和它作为一个私人企业能做的，经常截然不同。这两种利益经常发生冲突，或者看起来是这样。一直以来，TVA 所做的工作正是协调这类冲突。

一个重要的实例是 TVA 大规模的磷肥研究、生产与示范计划。我已经讲述了美国土壤中持续不断、让人心惊的磷酸盐含量下降的情况，这导致 TVA 在其马斯尔肖尔斯的实验室里开发一种生产肥料的电炉工艺。该工艺生产的肥料含有高浓度的技术人员称之为"植物营养素"的东西。但是磷酸盐矿石——该肥料的原材料——有朝一日将要耗尽，而且枯竭之后，没有东西可以替代。采用这种电炉，不仅高等级的矿床，而且有些经常被浪费了的低等级矿床都能被利用。这有利于磷酸盐矿藏资源、这片土地和营养食品的生产，以及我们文明的持久与兴盛。

私营企业将会接受这种技术进步，TVA 对此充满希望。由此，较低等级的矿石也会被利用，更高含量的磷酸肥将减少把肥料运到这片土地所产生的运费及其他成本。我们设想，这将产生农民们更大的需求，并促使私人生产与销售极大的增长。这样，磷肥在土地上的有限的应用可以成倍放大，私人利益与公众利益都可以得到满足。

然而，也有些例外的地方，化肥企业还不能让人放心。在1934 年 TVA 工程开始启动时，它的状况大体上是这样的：不管生产浓缩磷肥对于土地及矿藏的节约利用，以及成本节约上是多么令人满意，农民们就是不愿意采用它。该行业十分通情达理地说："过去，我们努力让他们买'高浓度的'（即浓缩的）

化肥，但他们不想要，他们想要的是混合的低浓度化肥。因此，顾客需要什么，我们就必须供应什么。"

从联邦农业部、各州农业组织和私人顾问那里，TVA 获得了美国最好的技术建议。最后，通过实际的检验、示范和证明，农民们被说服了，广泛地运用这些浓缩磷肥。

针对农民的全流域范围（后来在全国范围）的试验示范浓缩磷肥实用价值的教育计划，这方面的成功故事，我已经简略提到。在 28 个州的这些示范活动及农业调整管理局实行全国范围的计划后不久，私营行业生产并分销的浓缩肥料的销售量急剧上升。

1934 年，美国的磷肥工业生产了 2 984 375 吨普通过磷酸盐和 69 552 吨浓缩过磷酸盐。7 年后的 1941 年，普通过磷酸盐产量增长到了 5 055 737 吨，浓缩过磷酸盐增长到 317 990 吨，而在 1951 年，普通过磷酸盐产量达到了 9 432 283 吨，浓缩过磷酸盐达到了 717 237 吨。1941 年，流域里的肥料消费比 1934 年的肥料消费增长了 64%。1951 年比 1934 年增长了 197%。而同期普通过磷酸盐的产量增长到 4 倍，浓缩磷酸盐的产量增长超过了 10 倍。

在田纳西河流域各县，农民们用自有资金通过熟知的渠道购买的磷肥，其使用的增长速度比全国平均水平高出了 500%。在此之前，在这种私营行业产品的生产与销售中，从来没有出现过如此的增长。

在亚拉巴马州，TVA 关注过的示范农场包含的 15 个流域县里，商业肥料的销量从 1935 年的 103 100 吨增长到 1951 年的

332 300 吨，增长了 222%。同期，该州其他地区商业肥料的销售只增长了 139%。在北卡罗来纳州的 15 个流域县里，商业肥料的销量从 1935 年到 1947 年增长了 203%，而该州其他地区同期的增长只有 68%。

弗吉尼亚州的一名代理商，在一份报告中作了如下的陈述：

> 刚开始，只有示范者使用田纳西河流域管理局供应的磷肥。接着，随着它的效果被人注意到，其他的农民开始从商人那里购买磷肥……一家在流域地区有 6 家分店的企业，在 1937 年至 1940 年间磷酸盐肥料的销量比之前 4 年期间的销量高出 60%。

随着这些示范活动出现的效果，绝大多数化肥配料的生产商开始对 TVA 的工作产生了积极的兴趣。TVA 的政策是（而且一直是）让自己的技术人员能够给工业提供建议。得益于 TVA 的设计，私人企业安装了电炉。这一系列的结果也获得了销售肥料的国家和州农民合作联合会的认可。但是，反对者也随之出现了——除了少数赞同者例外，反对声来自低浓度"混合"肥料生产商及分销商。农民对浓缩肥料——高浓度肥料的使用要求也改变了当前昂贵的分销方法。这可以用来解释肥料"混合供应商"与数千代理商为什么要反对。但在公开场合，争论主要集中于老套的抽象理由如"政府干涉商业经营"，"侵入自由企业的领地"。可是，不管是农业组织、国会，还是不断发展的私人浓缩磷肥生产商，他们从来没有对分销商反对 TVA 计划的理由留下什么印象。

主张混合肥料和配销肥料的人们在合作上的难题，并不是我们的典型经验。在大多数情形之下，工业界竭尽全力与我们积极合作，以期从广大的公共利益的资源中获得他们那点有限的、而又是重要的商业利益。TVA 与美国制铝公司签订了一个单独的综合契约，这也就说明，虽然他们的很多观点与 TVA 不相同，可是这些实业家们在行事上也希望与 TVA 取得一致的方向。

一年又一年过去了，TVA 在马斯尔肖尔斯的化学工程实验室与生产设施越来越依赖于私人制造公司。这是一个公共利益上成功的政府-企业关系的故事。例如，在 1952 财政年度上，超过 750 名化学工程师、化学家及其他技术人员来到马斯尔肖尔斯，研究这里新开发和改进的工艺、设备与产品。整个美国，所有的初级磷肥生产商，以及几乎所有磷酸盐肥生产商，在 1933 年至 1950 年期间都获得过 TVA 的技术帮助。在这期间，磷生产增长了 145 000 吨（是 1933 年的 7 倍），1952 年估计的生产能力是 1950 年的 2 倍。

TVA 研究的一个早期目标是如何开发利用低等级磷酸盐矿石。其中一个目的是鼓励约占美国已知储量 3/4 的西部大矿藏的开发。该开发计划始于 1949 年，这一年，食品机械与维实伟克化工公司开始在爱达荷州修建电炉，维克托化工、孟山都化工及其他公司也紧随其后。

TVA 在私营行业方面发挥的作用还可以用磷酸二氢钙——一种用作牛饲料添加剂的材料为例。在第二次世界大战期间，从澳大利亚和南美洲进口骨粉作牛饲料添加剂的线路被切断后，TVA 建设并运营了一家生产这种原料的工厂。因为为进一步的研究该工艺提供的机会不足，TVA 在 1950 年中断了运营，将工艺和市场上的完整数据全部提供给了私人企业。包括马萨诸塞州胡萨克山谷石灰公司在内的好几家公司，开始运用该工艺。1952 年，胡萨克山谷石灰公司的一家新子公司，希亚化学公司在田纳西州中部修建了一家新工厂，工厂中安装了一座电炉，要求 TVA 提供技术建议并借用工程图纸。

向肥料领域的私人工厂、农民及其合作社提供技术服务，TVA 的这项政策已经完全建立起来了。1951 年，TVA 与该行业的同业公会达成了一份正式的工作协议。国家肥料协会聘请了一位代表保持与该行业、TVA 及其他政府机构的接触，并开始发行每月一份的简报，让肥料工业即时知晓 TVA 及其他单位的技术进展。TVA 的硝酸磷肥工艺在简报最初提出的 5 个问题中占了 4 个。1952 年，在其召开的年会中，国家肥料协会提议 TVA 在其研究计划中，参与该协会的小组委员会在化学处理及制造方面的某些项目。

很久以来，美国制铝公司在田纳西河的一个支流——小田纳西河上游，建了几个水库。这些水库位于 TVA 许多水库的上游，倘若让它们参与到 TVA 水库的系统中，使之担任其中工作的一部分，对于公共利益——无论在电力方面或者在控制水灾方面，比之于它们的独立存在都会有更大的好处。经过几年的研究与磋商，终于订立了契约，其目的在于尽量设法利用河流同时不致减少公司所用的电力，不增加成本。根据 1941 年签订的契约，美国制铝公司同意将铝业公司的大坝使用权移交给 TVA。这就是说，把每时每刻所蓄积起来的水，经由电力轮机或闸门放出。这个契约的效用，在于统一全河流的管制，借以增加电力，管制水流及航行，造福大众。至于由此契约而增产的电力，其收益归缔约双方分享。制铝公司成立已久的一个军用电力厂，最近也移交给 TVA 了。TVA 接收过来以后，正在为这工厂建造丰塔纳水库呢。

美国制铝公司与 TVA 这两个机构，在组织的目的上是大不相同的。但通过对这个事实——如果阿尔科阿的私人水库和 TVA 的公共水库能够作为一个整体去运行的话，这条河将会更具生产力——的关注，他们在一个复杂的情形下达成了一个协议。在经常举行的讨论中，在公共利益与私营企业利益的问题上，在观念上，二者都不免有些冲突，但在合作时应尽量避免因袭陈词滥调，以求促进私营企业与人民的利益。

TVA 与实业界由这样合作所生的好处，自然并不是要限制工业追逐利润。一个无利润的农民合作社，即奇克莫加河生产者协会，是一个同样采行此种方法的新的私营企业。在 TVA 的利益上，要为这些农民做一个起码的工作，才足以激励此种业务的开展。那就是他们需要有一个较好的市场，以出售草莓。为什么这样注意草莓呢？因为这种植物，在我们流域的某些地方，是担负了保持土壤的任务，因此这也是 TVA 的利益，同时这种营业又可以提供给农民一笔可观的收入，但这需要农民不在市场上抛售此种收获以致扰乱物价，这才会有实际的好处。此外，利用冷藏以及其他保持的方法，以使此种有益于保持土壤的植物更多种植。这可以在技术方面为私人获益提供可能，也就是说，可以有一致的、适宜的价格。

田纳西州立大学与 TVA 的技术研究部门在一起工作的结果，

就是制成了一种新的制冰机。1939 年，此种新发明已经出让给一个为农民所组织的工业团体，他们是种植草莓的。后来又加上别的物产，豆类、桃子及鱼类等。这个企业在金融方面已经走上成功之路了。1943 年，在宣布 6% 的股份红利之后，又分给农民股东将近 1.5 万美元的纯利。1943 年，他们出产 300 万磅以上罐头水果与蔬菜。1943 年夏季，再建工厂的费用为 5 万美元。这工厂还雇用附近 5 个乡镇的居民。造冰机，一种技术上的新收获，可以使草莓业的收入增加一倍。

在全盘的私营企业与公共的事业之间，还仍然存有另一种冲突，或者可以说是显而易见的冲突。我所指的就是作为工业产品消费者的人民与工业之间的冲突。我们都晓得怎样才能够使资源发挥最大的力量，是工业能决定的。同样地我们可以无须批判就确定，每种工业或者每种实业都要依它的产品消费者的真正需要来决定。

有一种流行的、然而是错误的观念，即企业毫无消费者意识也可以适应。顾客也为这种流行的观念所影响，以为这是天下的公论。假如销售市场低落了，就以为是某种出品不能适应公共需要的证明；假如是上涨了，就以为是某种出品符合公共需要的结果。这种判断盛行起来，当然，是通过广告及各种手段，促使人民选择某种商品。

随着时间的推移，此种理论遭遇了惨败。比如磷酸肥料并不足以满足土地和农民的需要，就是一个事实。后来我们又得知，比较好的产品，简直绝迹于市场，或者为着保私营工业的地位，产品迟迟不上市。顾客简直无从得知将有什么产品制造出来，于是他们只好放弃自由选择的机会。这是愚昧无知的表现。我们明白，由于垄断，新的企业得不到最好的供应品，甚或使顾客迷惘而无所适从，或在高压之下讨生活。对于这些现象的补救之道，常见的是意气用事的办法，比如随时可见的刑事起诉，消极的规章上的限制，以及"永勿再犯"的规定等等。

TVA 所用的方法，恰恰与此相反。TVA 的方法在于和这些企业通力合作，协助他们确定和应付顾客的真正需要。比如1943 年夏天，一件新的工业出品——厨房用的除水机出现于市场，就是一个例子。

1943 年 7 月 8 日，战时生产局公布，对于一些比较小而新的家庭用具制造者，许可他们使用战争原料，为市场特别是为着东南部的市场制造更多这样的用具。田纳西州大学和 TVA 的技师们，是这些除水机的设计人。在这种新发明的背后，是 TVA 对于食物收藏和除水等方法多年的研究。此种研究工作的目标，在于使这一地区食物生产最多而浪费最少。执行这种工作，单是一份技术专家的报告，还是不足以适应需要。私人企业认为制造除水机有利可图的时候，他们才来发明这种东西。设计方面，必须是符合人民真正需要。做到简单便利，效率高而合于科学，成本低廉，人民自然觉得这是一种物美价廉的器具而乐于使用了。

自然研究的一些问题，呈现出来的困难很少。一种实际的方法，要使它适应家庭主妇的要求，训练她们能够使用这些装置。这件事情，不能够仅从习惯出发把它完全委之于售货宣传。

这些事情，自然不是实验室的发明家，或者售货经理在距离遥远的办公室中所能解决的。TVA 与田纳西州大学合作，取得各州经理人的协助，也尽其所能解决各种问题，使其接近人民日常生活。经过各地方经营关系的路子，技术专家制造除水机的设计，与各地的厨房联系起来了。并且这些地方的经理，把各学校教授除水机制造法的教师们也给组织起来了。1943 年2 月，在诺克斯维尔开了一次会，南方 10 州总共来了 150 位教师出席，他们回去以后，把技术传授给千千万万的人们。这一地区，正在广泛展开教授收藏食物方法的知识。

工业界与田纳西河流域公共技术机关的关系，在 TVA 历次的会议中已经表现出来，我们现在所讲的，不过是最近的事情而已。1943 年 7 月，一位除水机制造家参加 TVA 的技术干部与田纳西、佐治亚、亚拉巴马及弗吉尼亚各州大学代表的一次聚餐会。坐在这位制造家右边的，是流域中各电气团体的代表，他们对于家具之配售问题最为熟悉。这一次他们是为除水机的零售和批发而来的。除水机制造者声言，当公共机关把计划做出来的时候，他们即从事制造，并且提供一种售货的小册子说明怎样使用和保管这机器，看起来好像公共技术机关的代表们所做的。这些工业家们明白，请教与此没有利害关系的技术专家，实在是很有价值的事情，因为他们自己和消费者没有联络，而专家们是有的。他们甚至于把关于零售价格怎样才算适宜的问题提出来，向大家征求意见。

这种产品，是否能证明是成功的，现在判断这个问题为时尚早，而且无关宏旨。因为事实异常明显。这就是一种把实业家的创造力和经理人的技术判断统一起来，与消费者的观点相结合的方法。这种联合是最为需要的。

因为在基层民主的原则之下工作，我们已经开辟了与人民及其各种组织交往的通道。这种工作，对于工业是有特殊效用的。大多数的制造家，对于制造任何工业产品，差不多都能愉快胜任。然而，若是以公共利益高于一切的意义来评判，无论如何，并非所有企业都已把资源的最好效用发挥出来了。而且其中有很多企业还未能密切适应消费者的真实需要，甚至于对他们自己能够取得的利益，也未能竭其促进之力。因而，最有实力的农业机械公司在这阿巴拉契山脉也还没有创造出打谷机器，这其中的原因，一方面是由于技术家对于我们特殊的农业情形没有确切的知识，或者没有"感觉"；另一方面则是由于他们对从这种产品中获利没有信心。

因为 TVA 的工程师更贴近这些问题，并且在这些方面有了解和信心，所以他们能够在几年前就设计出一种实用的便携式打谷机，在这片流域的条件下运用。在 1947 年的时候，这片山区大约 80% 的农民有 40 英亩可耕种的土地。通过起伏不平的山路，把传统的打谷机用运送到这些分散而狭小的田地里供农人使用，不仅不合实际而且代价高昂。事实表明，市场上的小型打谷机是不合适的。大量试验证明，新设计的小型打谷机很实用，一家私营企业正在生产销售它们。

我一直在列举的所有这些例子，都贯穿着将两项重要的事业结合为整体的主题与目标：使我们的自然资源为每一个人的福祉发挥持久创造力的紧迫需求，与私人企业的商业需求相一致。

第十二章　专家与人民

TVA 与工商业的合作基础，在运用于公共利益的技术技巧上，即公共的与私人的专业技术上。

这样的公与私的合作，有时候是以冷淡的——即便不是敌对的态度接受的。当某种工业墨守着传统观念，认为"实业界与政府间的合作"，其意义就是公共机关接受与保护所有现有实业的政策，即使有将资源错误利用也不能例外。这绝不是一个工友的负责任的态度，而只是一个唯命是从的人而已。

围绕着这种错误的"合作"观念，实业界对政府的依赖将被助长。比如，它使实业界与同业公会做出一种暧昧的决定，直接由政府执行公共职务，而他们自己则只成为与政府保持"友好"关系的"联络人"。此种错误的合作观念，也导致公务人员阿谀奉承之习成风，沿用人人周知的俗套，以"政治家"相标榜，并且助长政府人员个人的野心与虚荣。

在短时期中，对那种不能分辨他们自己与付托给他们的责任之间关系的人来说，这算是偶然的成功。但若以全局而论，此种情形以及与此相似的各种现象，对实业是有害的。对于公众来说，那种行为背叛了他们的利益。它也是使实业遭受政治虐待的根源。由此提出一个简单的政治上的要求，那就是要现实地使用技术知识。

1904 年的自由主义的某些方法，现在也为许多保守派所采用。比如，认为政府只是一个公断人，它的职责是控制竞争者和不正当行为；这样的观点在今天看是不够完整的。政府不单纯是一个公断人，也不是加入任何一方面的竞争者。但政府的技术服务有一项事要做——为实业，为工人，为消费者，以及维护生产力于不衰。

TVA 最近一种富有趣味的进展，更足以增强此种论点。一个经营着千万种货物、负责全国货物配售的商号，和那些货物的无数生产者，时时与 TVA 商议关于全流域的生产和销售上的各种问题。这个商号是负责详细分析战后美国市场的。试验室和 TVA 的先进工厂，以及一切和它们合作的机关，正在从事各种发明。这是流域中各种货物使用者特别需要的，也是他们所特别期待的。在商人与 TVA 之间，各种问题都是往返商议的：TVA 是否为南方大湖维持一个新式金属游艇的市场？厨房式的面粉厂，怎样在公司试验与市场鉴定之后成立起来？TVA 的薄片式地板制造法，比市场上从前所出售的那种木板是否更为实用？在利益分配广泛的价格要求上，是否能够适应？

公司中技术专家的现实主义及经验和地区内专家的远大眼光，都集中注意于他们所进行的资源开发，使之与人民的真正需要相配合，因此就收到相得益彰的效果。我们没有人听说过，政治家与实业家曾以他们如许的精力和时间，来讨论那种不着边际的"侵犯私人企业"的问题。这两种形式的专家，都各自有他们不同的作用，然而都是互相承认对方的地位和重要性的。

TVA 所采取的一切方法，有助于建立新兴的私人企业，特别是小型的加工企业。经济发展委员会主席保罗·霍夫曼先生说过：大企业已经"有资源和技术能力"了，但是"最近创立起来的小企业，就太艰难了"。TVA 有效的发明，影响到创立新兴的小型企业，并且引导其他企业发展壮大。

在战争期间，小规模企业遭遇了严重的损害。那些相信霍夫曼先生说话的人，认同他所说的"在自由企业制度之下，小企业就是矿山表面下坚固的岩石"。他们主张对新兴的加工企业，保持门户开放的态度。因此，要采取步骤以达到他们的希望，免得徒有空言。这问题也是很复杂的，但在流域中所有的实际经验，已足以提供了研究这一问题的答案。

私营企业和公共利益之间的冲突，是明显的或者真实的，TVA 通过怎样的努力使这些企业成为一个生产单位，我已经论述过了。当然，在某一期间，还不能把这些存在的矛盾协调起来。因此，私营企业还须是从属的。但是，可以让那种不能妥协的冲突场面减少以至不再出现。在现在的情形之下，这可以使人们对政府的工业技术增强信心，这种信任远比人们对当局者，包括管理人、经理以及非技术人员的信赖为多。而且，人们能够从偏见、教条和抽象的概括中摆脱出来，他们自然接近于事实本身，接近于工作本身。

这儿，在基层民主的原则之中运转的 TVA，它在消除或者调整许多冲突的努力中，已经获得这样大的成绩，这是以前别人认为除非是"斗争到底"否则便无法实现的。拥有把握事实的妙诀、愿意提供实际方策的专家，除非在冲突时出现立即弄清原因，否则就会被偏见、愚昧无知或对于事实的漠不关心所遮蔽，而使冲突愈演愈深。

专家们以他们广博的现代知识，不仅在公私利益协调一致的发展上，而且在现代生活的每一方面，都执行着核心任务。人民与专家的关系如何，在新民主的发展中是最为重要的问题。这是因为，若是没有工程和经理专家，则人民陷于孤立无援，而我们也同在此种命运之中。不仅对于那种威力强大的工业的进行，巨大的银行投资家，或者巨大的电工器材的制造商，而且对于农家妇女，养鸡场的饲养员，远方的小刨床工厂的工作者，种植烟草的人，驾驶货车和牛奶厂的工人，煤炭矿场，大小商人，医务所等等，对于各行各业，农业、矿业、交通、制造、分配或者服务于政府机关的人们，都是同样的情形。

管理人在公共或者私人事业的任务之一，乃是遵循民主原则，设法把现代科学与技术交付于普通人的手中。这是 TVA 在基层工作中所力求实现的。假如能使技术知识为人们的日常生活而服务，为人类改进公共目标而服务，那就是民主之现代的形式及其运用下的收获。

这就需要专家与人民间的现行关系，无论在工业或在政府方面，有些剧烈的变化。

最重要的是，专家与人民必须在一起。技术家所住的地方，应当是他们所服务的人民所住的地方。在最高的专业领域有重大的例外，但是不能危及原则。一个专家不应当远离人民所面对的问题。身体的接近，虽然并不能成为接近人民的保证，可是确有促成接近人民的作用。地理上的遥远距离，虽然不一定造成精神上与理解上的遥远距离，然而也确有影响，尤其在我们领土广阔、地方习俗与自然条件差别很大的美国。

使专家与人民分离开来，这并非是出于技术人员的个人意见。它常常是政府企业与私人企业在执行时考虑行政政策的结果。到了技术家与人民住在一起，远离中央集权的时候，知识与知识的决断力量得以传播开来。对某些行政人员来说这本身就是一个该死的想法，尽管他们的不满常常蕴含在零乱和商业规则的"生活"中。

与人民生活在一起的专家，应当是最能干的人，而不是最懦弱的人，不是在华盛顿或在纽约被全国总会淘汰下来的那些人。在实业上和公共事业上，人民欢迎技术专家领导的心理已经衰微了。因为过去司空见惯的事实是，从中央总部派遣到地方去的专业家只不过比听差的稍微负责任一些而已。

使技术专家面对着人民的需要，确切地说，我是指基本的需要而言。国会创立 TVA 于地方分权的基础之上，使这种需要的满足成为可能。关于这一点，我不久就要谈到。

不但应当使专家们与人民生活在一起，而且各种专家们都应当生活在一起，工作在一起。特殊部门的专家，他们以专业技术解决问题，非专业人员不能希望了解这些内容，所以他们也无须生活在一起。而且，除非为适应管理方法上的需要，他们也无须把各个人所得的结论汇合在一起。而一般人也仍然能够把他们所得的结论，运用于自己的生活。

当技术人员生活和工作在普通人的问题中时，他们是各自专业领域里更具能力的专家。人民自己进行的技术教育，比之于技术家来教育普通人的教育，前者是次要的。在距离遥远时，只有公文报告、记录和装饰门面的设施，都是不可能的。

专家们在他们的工作上，不达到忘我的境地，就不会发挥最大的效能。除非他们能够认识到，他们的技能乃是全体工作中的一部分。承认了这种重要性，无论对于私人或者公共事务，一个人都会确信他是在为着别人而执行某种重要的工作，他也是某种事业中的一部分，而这种事业远比他本人重要得多。这种认识，对于他是一种衡量的尺度。我想，这就是TVA技术干部经过许久的事业开创，具有的那种令人钦佩、经年不懈的热诚精神，这已经为连续不断地从别的地方和世界各地来的参观者所注意与评论到了。有一种天真纯朴的想法，以为能够使人们工作得最好的诱因就是获得报酬与利润。而TVA许多重要干部来到这里工作所得的报酬，都比他离开的地方报酬少。

我已经发现，人民对于开发资源以造福人类，大都极其重视，假如他们积极参加了其中的一部分工作，则尤其重视。关于专家们参与这事业的重要性，以及工作对于专家们的重要性，人民所想象的，乃是极其动人的。因此之故，这种意念发展到一个相当的程度，不仅由此决定了个人的欲求之满足，而且决定了他的效率。

与人民生活在一起的专家们，比较容易发现人民的希望。假如人民有选择取舍的知识，他们会抉择和所希望的都是什么？

将来又应该期待什么？人民不会无故依赖专家、信任他们直到他们被说服，意识到在实业中和在政府工作中，究竟什么是于"人民有益的"并不是技术家他们自己的标准。假如技术家们由于和人民共同生活，进而了解人民的希望是什么，而非是专家的希望是什么，则人民将更加信任他们和他们的意见。遇到党派的或政治的攻击袭来的时候，人民会起来保护他们，甚至于帮助促进他们专业的职责与科学上的进取。

事实上，专家们既已决定与人民生活在一起为他们解决问题、共同处理自然环境与社会环境，平凡的人，会将这种行为作为真诚奉献的证明而接受。此种献身行为，是出于改进人民日常生活的目的，而不是对专家们自己的利益和事业的改进。技术专家，无论他是森林学家、社会福利工作者、经理、财政、农业或者矿冶专家，他们追求技艺，是因为这技艺给他一种快乐，能够创造他自己的或是他这一行业的声誉。工作在病床旁边的医生，或者战场上的将领，也同样将采取某种特殊性质的专业途径，来献身于人民。

当某种事情做成了的时候，专家们必得学习对人民解释其成功原因。使资源开发成为可能，唯一的方法是诱导普通人的行动，而对于"理由"的解释，差不多永远是关键。在实业中心或政府首脑部门的专家和经理们，远离人民，不耐烦给人民解释什么事情。由这种不耐烦出发，马上就有一种高高在上的优越的感觉，进而就是不负责任或者单只是发号施令。而对于人民不负责任或者是发号施令，无论是出之于专家、政治家、实业经理或者是公务人员，都是反民主的。

第十三章　开放的政府

　　共同一致地开发资源的需要与各种广泛的努力相结合，这种工作不只是为流域区的人民，也是为着所有人民。但这工作要求政府的每一部门，各州、地方以及联邦政府，凡是能够促使共同目标之实现的，都来参加。我在前几章已经说过，基层民主的政策，把私人团体和个人如农民、工人、实业家都吸引在一起，共同为 TVA 所使用，成为一个联合的组织。因此之故，各地方社会的政府管理人员和田纳西河流域的各州，已成为 TVA 积极负责的伙伴了。

　　地方分权的政府行政职能，分明是全国性的，我想没有例外。但自从流域区工作开展以来，无论何时只要有州或者地方组织能够执行法律赋予 TVA 的部分工作，我们就力求不由联邦机构来做。这样获取成效的办法，乃是在明白规定职权并保证合作努力的管理技术中得以实验。固执于法律上的"权力在各州"或者"联邦至上"的观念，已经没有意义了。

　　在这一地区的经验中，并没有因为设立联邦地方管理处而使州政府与地方团体面临架空的危机，或者发生 10 年以前的党派攻讦。此种矛盾的情形曾经发生过。从记录中，我们知道一种无可争议的事实，就是在田纳西河流域现在的州政府比 10 年以前强大得多，而且执行的职务也多了。现在，地方团体和地方政府的机能更强有力了，这也是人所共知的事实。可以说，在美利坚合众国，在成绩上能与此相似的，没有第二个地方。

在各州与地方管理处广泛而密切的关系上，TVA 并没有"发明"出来什么新的方法。联邦的若干管理处在这几年是颇有进步的。TVA 的地方-各州-联邦合作的实验，使联邦及各州许多行政和立法者的作用加强了，他们都是为着一种相同的目标，即消除漠不关心和敌视的障碍，针对管理中原有的一些困难而工作。

为践行与地方政府及州政府的这种普遍的合伙关系，TVA 订立了成文的契约。现在 TVA 与流域内每种形态的公共机构之间，从乡村图书馆一直到州立大学、公路以及保存委员会，总共订立此种契约数百件。

这些契约的实际效用，远胜于法定义务的规定，也达到了实现共同目标的特殊协定。此等协定，条件每每是宽松的。在达成最后协定之前，互相矛盾的观念与政策之商讨、争论及决定，对于实现目标上的贡献，比之于契约本身还更重要。当问题随着时间的推延而发生的时候，常常是既定契约所未能涉及的，或者是缔约的任何一方将在他们的合作上采取新的步骤，此时再重新审核这远大的目标以及契约中的特殊条件，就提供了一个具有伟大的教育价值的机会。缔结契约的规划促进了在现实条件下对特殊问题的重视。这取代了地方与联邦的管理

"合作"上的空谈，因而巩固了地方实现共同目标的广泛的组织体制。我们的经验证明，此种双方担负义务的契约，乃是一种使它本身适应某种关系上的需要，使它发挥最大的效能，使其不断处于动态的变革中的策略。

正是通过这种联合经营在这伟大的变革中，很多伟大事业完成了。各种成分的组合涉及的范围是广泛的，内容和差别是多样的，一如这流域中复杂生活的本身：测勘云母矿或者锰的矿脉；在农田中试种耐久的树木；为黑人开辟休养公园；致力于疟疾之特殊治疗；建造森林、荒野生活的避难所；森林防火；建造房屋；河流污秽治理及工业供水等。还包括考古资料之保存、亚麻制造工业的研究、公路测勘、小型牛奶冷却器之发明、涉及牵引打谷机的发明以及其他许多相似的农业上的发明，大大小小几百家的联合企业。推行这种周详政策的结果是，在田纳西河流域各州，只有绝少的经营企业不是按照此种办法成为国家企业一部分的。

假如把这仅视为TVA的"特权"或者"管辖权"之内的问题，乡村或各州的经营企业大部分的活动都在按照契约进行，这些活动是本可以由TVA单独来完成的。但是，在宪法上中央政府在某种场合是否可以越过各州和地方行动的特殊"权限"，这种抽象的问题是与现行地方分权制度没有关系的。TVA所担负的是延伸它在全国的责任。它的职责在于领导、奖励与指挥——在最广大的意义上筹划。

为避免使TVA仅为某种特殊工作而在某地方专设机构，需要由一个州的或地方的经营企业分担责任，并商定与联合事业有关系的契约。我们经过深思熟虑想要"着手做些事情",并使地方机构与团体无须外援就可以很快执行。我们想把每一种新的活动都纳入这一地区的生活潮流中,把它掌握在地方经营者手中,在创始者联邦的援助停止的时候,仍能使之继续进行。这里实行的基层民主的方法,就不单是对于各州或地方团体"给予帮助"和"配给联邦资金"的单纯技术工作了。

我现在以图书馆事业的发展为例来说明。当局要为那千千万万的建筑沃茨巴水库的工作人员设立一所图书馆。但是我们并不希望这是一所独立的图书馆,一旦大坝建成图书馆也就关闭和消失了。因此,TVA 会同田纳西区图书馆部门,与诺克斯维尔州城市图书馆部订立契约,由这两个机构开设图书馆,费用由我们负担,额度不超过 TVA 配给一般图书馆的费用标准。这两个机构熟悉当地人民,熟知谁是地方拥护的领袖。后来,这个契约就成为发展地方图书馆的典范了。这一地区的图书馆事业,以此为起点,很自然地成长起来了。当 TVA 的建设工作沿河而上,推及于邻近县份水库的时候,地方机构与领袖参与的此种事业日益增多,他们都投入到了地方议会和县参议会的筹募基金活动。图书馆事业由此扩展至田纳西河的东部 13 县。而在此以前,这些地区仅有一所图书馆有足够的图书设备。现在地区内图书馆遍布各处,足以把图书送到 TVA 建筑工人的家里。

1942 年秋季,沃茨巴水库接近完成,TVA 给它的补助资金,也将期满终止。现在到了对我们开创的方法进行检验的时候了。我们是否已有了牢固的基础,足以支持和继续已开创的事业呢?

为了研究怎样才能保证这地区的图书馆继续使用，我们当时召集了一次会议。参与这会议的有 12 个妇女、6 个男人，代表着 13 个县中的 11 个图书馆。每位出席者都逐一报告他的经验，其中梅格斯县的威利斯·夏多夫人在发言中说：

> 梅格斯县有 6000 个居民，而铁路、电话及报纸全都没有，仅有的沟通方法只有流动图书车和传说中的葡萄藤路。① 一旦我们失掉了流动图书车，我们怎样还能晓得世界趋势呢？为了改进卫生状况及生活标准，除了阅读而外，我们还有什么机会呢？不然的话，全县人民就只有以讹传讹的流言，没有阅读了！梅格斯县每月有 4000 册书被阅读，图书馆存在了，全县没有一家不与图书馆接触的。

图书馆会议的多数会员们，在他们为设立地区图书馆而向县当局要求几百美元的补助费以前，要犹豫一年或两年之久。在这次会议闭幕以前，全体同意向州立法官提出要求每年划拨经费 2.5 万美元。他们成立了一个立法委员会，发动全州各界予以支持。于是 1943 年 2 月 9 日，田纳西州长签署了一道法案，设立东部田纳西区图书馆，由州政府支付开办费 2 万美元。

沃茨巴区的图书馆从开始计划，到州政府划拨经费、创设较大规模的图书馆，中间已有 3 年工夫了。1940 年 1 月，无书可读的实际为 26.3 万人。3 年以后，这 12 个县从一本书也没有，到现在有图书馆藏书 5.2 万册了。这些书籍遍布于地区内

---

① 原文作 Grapevine。这是美国人的一种传说，盛行于内战时期，说是从葡萄藤可以通电话。——译者注

的各个地方，包括最远距离的县在内，至少有 200 处以上。登记的借书人共 2.2 万。1943 年 1 月，图书借阅数达 25 万册。

在这 13 个县中，由于人民自己的努力，加上 TVA 的间接鼓励，他们的生活水准不断提高，因而自然也推动了其他各种进步。州教育专员在一次接见记者时说，划拨经费乃是建设全地区图书馆事业的第一个步骤。两年后，田纳西州位于另一个库区的一些县面临着类似的问题，TVA 可能终止图书馆服务的合同。民众的兴趣再一次被激起了。1945 年，州立法机关为地区图书馆部门两年一次性拨款 7.5 万美元。在 1951 年和 1952 年，田纳西州拨款了 19 万美元。这一次，这种理念已经传播开来，因此，在 63 个郡都有了图书馆部门，服务人口超过 150 万。TVA 出钱，以沃茨巴大坝的建设为契机，以 2000 本书开始的图书馆服务，现在以州拨款为开支，已经提供了 37.5 万多本书，在超过 150 万人中传看。12 个流动图书馆和 19 个职业图书馆管理员服务于 69 家图书分馆。另外田纳西河流域其他蓄水区的若干县，也正由 TVA 与该州管理处商定同样性质的契约。希望在两年以后，即成为全州系统中的一部分事业。

1950 年春季的一天，我正在罗纳河流域——该流域被称为"法国的 TVA"——察看开发工作。接待我的一名法国农民说他只有一个问题想问，这个问题是："夫人和小图书馆现在怎么样了？"我过了好一会才明白他问的是夏多夫人，他曾经在本书第一版的法文译本中读到过她。随后的谈话证实了我再次注意到的事实：让普罗大众印象深刻的，正是平民民主运行方式中非常实在的示范，这比浮夸地堆砌统计数据或长篇大论的描述要强得多。

东部田纳西区的这种开发，并不是独一无二的。至今为止，TVA 的工作人员所做的每一所图书馆计划，其管理责任都已委托给地方机关。一旦到了 TVA 退出地方工作的时候，他们就要由接受委托而变成永久服务了。区域图书馆的制度，还覆盖了亚拉巴马的北部三县，以及卡罗来纳的西北部三县，它是因当时甘特斯维尔和海沃西水库的兴建而设立的。我认为将来有希望在 TVA 与基层民主制度中，经合作社的努力，在田纳西河流域各州将普遍成立切合于实际用途的图书馆组织。

地方机构以同样的方法、同样的计划，来维持公园事业的发展。10 年以前，当 TVA 工作刚开始的时候，全流域内很少有户外公共娱乐的场所。田纳西也没有州立公园制度，各县也没有预留作为公园的地方，无论田纳西或亚拉巴马当时都没有州立的风景管理处，而今天，这几州都已有了很活跃的风景管理处了。这就是最优美的州县公园制度的开端，怎样能够充分地利用地区内的自然美景用于游目骋怀、休养身心，这都在不断规划之中。

1933 年，田纳西河流域没有一个州立公园。到了 1953 年，沿着 TVA 系列水库边的空地，有 12 个由 4 个不同的州运营的州立公园，沿着水库区还有 18 个郡立公园和 22 个市立公园。通过这种方式，在各州和地方政府的领导下，该地区的风景和娱乐资源正得到开发。

此种工作开始于 1934 年，当时 TVA 创设了几处实验公园，地址都是在水库边。流域内的万千人民都来实验公园游览，他们都一致赞许，并且愿意努力促进其发展。无论是为 TVA 的公园事业的前途，或是为各州与地方所经营的公园事业，在一般的公益上说，这总是一种基础工作——无论是我们所选定的，还是地方及各州的经营。现在，TVA 不再运营任何公园，这些示范公园已经达到了目的，如今，各州都在凭借自己的资金和主动性从事这项工作。

在田纳西州，TVA 协助州起草创设州立风景管理处的工作。州立公园制度肇端于此。继之以州政府成功的管理与单项经费，现在田纳西州的公园制度是西南部最完善的。TVA 与州立风景管理处订立一项概括性质的契约，双方依照契约积极地进行合作。TVA 以土地所有者的资格，把那一块环绕着新湖，无比自然美丽的土地的大部分租借给州与县的公园委员会了。租借是名义上的，只附有一种条件，就是保证这地方只能作为公共娱乐场所使用，而不能如 TVA 当初买进时那样作为国家使用。

TVA 采用新的方法利用流域内资源所做的实业研究，乃是联邦政府与各州间以协商方式促进全国整个计划的又一例证。进行此种工作，但凡有可能，我们都是邀请州立大学的工程或农业的研究部来结伴合作，而不是单独创立新的人事机构。由 TVA 经手创立的计划，或者 TVA 与某些州立机关合拟的计划，当州财政或其他的补助增加了，或者此种计划完全为州所接收时，则 TVA 的财政或其他补助逐渐减少或者完全终止这种办法已经多次使用。由于基层民主方法的实行，州的技术服务大有进步而受到奖励。同时 TVA 也用联邦财政部最少的开支，承担起了对全国的义务。

州或地方机关按着此种方法、要求做了工作，联邦机关则对它们在这些企业中所尽的那部分投入，慷慨地给予信贷。这是系于大众的拥护，倘是没有这种基于充分谅解的拥护，则不仅地方经费难于保证，并且还难于避免其因经费逐渐减少，以至于全部停止发挥作用。

等到这些事业实现了，TVA 就把它在开创和奖励的活动中的作用减至最小限度。但这样做，对于开发地区资源的全部计划是危险的。TVA 实行的加重州伙伴的责任而使自己的活动渐渐减少的政策，假如完全实行，那必然会是一条弄巧成拙的道路。其结果必使 TVA 本身的努力也失去公众的拥护。各州或地方机构更愿意 TVA 以匿名的办法来协助它们，以免这事业遭受损伤。

农业问题表明，这方法还是存在缺陷的。有一种以令人难于置信而又是真实的情形，就是流域中许多农民对于这实验计划之创始者兼资助者的 TVA，实际上倒反而不知道它已做了哪些事情。举一个例子，在一个管理实验工作的县农业代表的办事处，农民们可以看到关于联邦及州的农业管理处各种工作情形的报告。虽然在那一个县里，主要的农业活动是 TVA 领导的全地区的实验工作，但却没有一个字提到 TVA。这种情形并不奇怪，因为决定与各州现有的机构共同工作，TVA 在某种程度上并没有博得人们对其地方和全国性的土地开发项目的理解与拥护。比如说，有几个州的农业经营处的政策与 TVA 自己所应执行的并不一致，就好像我们执行这计划的机构是与 TVA 不相关联似的。但是，除了这些偶尔的缺陷之外，我可以肯定，各州经营处所执行的工作方法是完全正确的，而且其良好的结果必更能持久。这较之 TVA 采用因循守旧的方式自主决定一切工作还是要强得多了。

在这个农业计划中，从开始到工作进行过程中的每一步骤，与现有的其他机构缔结的那份契约，都被严格遵守和执行。TVA 新的磷酸肥料小规模实验，最先是各州的农业试验站在流域内各大学的土地上进行的。到了可以推广实验的时候，县经营人员即被派为负责管理人管理田中实验工作，并有一个助手协助他的管理。他的开支则由 TVA 担负。县经营人员本来是地方职员，然而他经常代表着州拓展事业处和联邦农业部，而且接受它们的一部分补助。TVA 7 州的拓展事业处和联邦农业部之间，建立了一个包罗万象的协商备忘录，非常正确地决定了它们新的范围广泛合作。

当这计划在 1934 年开始的时候，田纳西河流域内的许多县，没有为本县经营人员的工作拨款，因之就完全没有经营人员。但在 TVA 的计划实行了几个月之后，全流域中只有一个县提供给了全时段的经营人员。有一个县由于地方政治的原因，县政府拒绝拨款设经营人员，于是一部分居民自动筹募必要的资金，因此计划的实行不至于被延搁。直到县政治人员离职，或者改变他们的想法。一年以后，这一县就自己供给资金了。到今天，在田纳西河流域中的各州及地方从事农业推广的工人人数，达到向来未曾有过的最高纪录。但是，为联合企业担任顾问和监督的中央干部，其数目并未很快增加——1935 年开始时为 38 人，现在是 53 人。

　　虽然干部这么少，但土地重建及土地利用的全新计划的实施，仍得以监督。重新凝聚和吸收的植物营养使土地复苏了。新的机器和新的技术使农民的收入提高了，个人的利益和国家的福利被紧密联系起来。在这一过程中州与县的机构得到巩固。在全流域内，由于自身得以利用，地方与州政府的力量更大了。

　　在基层民主的原则之下，地方机关与 TVA 之间的伙伴关系，最深远的事例体现在流域中的电力系统。作为现在世界最大的电力生产者之一，它呈现出一幅联邦政府的联营企业和遍布于 6 州的几百个地方社团的丰富场景，以及那仰赖这电力为生的 500 多万人。这些社团遍布于小农业据点和山村，及至 30 多万人的大城市。

　　大规模集中的生产配合以地方分权的、基层民主原则的地方负责制：这个公式，在实业界许多别的场合中，以及在国内的和国际的政府事务上，都可以证明是极其重要的。

　　电力，正如土地似的直接而密切地与人民的日常生活相关联。而且发电、传导与配电等事，在美国乃是最高度集中的工业之一。TVA 在现代生活所必需的分权工作方面所做的工作，不仅使公共行政更为清楚，而且以基层民主的方法，对解决一般实业中的严重问题有所贡献。

　　那种妄自尊大的毛病，以及对于远距离管理不信任的态度，无论在什么地方都是有的。人民所希望的不仅仅是政府，还希望如电力这样的主要供应与他们关系越密切越好。

　　在电力系统上，某种程度的集中是有经济效益的，除此以外的任何方法，都不能够达到此种目的。然而几年以来，我已经明白，一种成功的分权管理的方法于工作效率并无损害，可以得到各种社会成果。田纳西河流域的电力计划，构成了第一次大规模的实验，那是全区都能够断定的。发电与传导，需要有材料、技术及物理的要素，如此才能取得经济上的收益。在这里，这些职责本身已经达到集中的程度了：电力厂和高电压的传导网，都由 TVA 自己直接经营。

但是，这样一种经济原理，对于电力之零星分配并不适用。在这流域的系统中，分配制度的管理和所有权是分开的，与TVA 缔结契约以获得批发销售电力，因而参与全区域的电力计划的决定，是由每一个团体经过公开讨论、董事会决议和投票做出的。负责这些城乡的合作社，直接配送电力给城市、农场，以及人民所居住的乡村。

TVA 把田纳西河上的发电厂的电力，批发给 129 个独立的分配系统，包括有组合和没有组合的几百个村庄。这些系统中有 45 个是由合作协会经营的，其余的由自治市经营，有些则是服务于全县的。国会在关于 TVA 的法案中，设计出一种全国标准，在 TVA 批发电力的契约中予以执行。在零售电力的分配者中，真实一致的政策由此而实行了，尤其是在几件重要的事情，如电费、会计、收入盈余的分配及代替捐税的支付等上面。但是，地方电力分配系统的所有权和管制，通常是由包括地方公民在内的董事会授予人民自己。在这个由 129 个单独的地方代理服务的区域，用电的公民的责任能够由同地区代表他们的人担起。假如在一个城市内，服务的情形不够好，则地方的管理机关就近在眼前，一定会很快地负起责任的。

每年做出一种关于财政和经营状况的比较表，把 129 个系统中的每一村庄的财政和经营结果都详细地对照记录下来，做个比较。如果甲村每一单位的管理费高于乙村，则甲村的董事可以要求主管加以解释。如果乙村有盈余，并且像许多别的村庄所曾做过的，把电费减低至 TVA 所定的标准以下，则此一事例，要使甲村以及所有其余的村庄尽可能地去模仿。因为会计的账目都是一样的，所以易于比较。

因此，在实在的意义上说，住在每一村庄的人，在广大的范围内，他们是能够决定自己的服务效率水平和电费价格的。他们现在有机会可以直接了解管理公共事务和负责任的原则，允许政治渗入市政服务的恶劣影响以及把分配电力这职责放在不含政治性团体手中的重要。所有这一切，都可以使大部分人民学习管理事务的经验。显然不同的是，很多城市服务如水、路政以及其他相似的事业，以其首脑人物过去的经历主要还是政治方面的。

电力供给的管理采取这样的方法，在财政和在工作方面的结果都是良好的。其中颇有许多显著的成功：收入甚多而各单位的工作开支甚少。在此地没有详加陈述的机会，但在公文中已经有详细的记载了。

事实的传播效应几乎使在这地区中每一部分的变化都很有实效。即如在农业计划上，我们是靠着从实践中学习的原则，而不是凭着高高在上的说教或者强迫而获得效果的。用这种方法把电力还给人民，那就是倡导地方自尊心与聪明灵巧，并且和别的地方实行友好竞争，这种办法今后对于田纳西河流域的意义，不亚于10年来几十亿千瓦时电力的贡献。

但是，地方分权这种事例，比之于低廉的电费更有影响。因为实行这一计划，全乡村和全体人民把他们自己从有限的私人经营中解脱出来，为他们的邻人、乡村及全区域服务。在多数情形中，除了博得领袖的声誉和工作的安慰以外，他们并没有别的报酬。作为地方电业会议的会员，他们在契约的基础上与国家政府合作，这个契约表现了地方与国家的一个共同目标：为着人类的福利而广泛使用电力。他们并未虚张声势地对于那距离遥远的总部实际决定的高度集中化的事业予以讽刺指责。TVA与这些地方会议之间也时常意见不合，此种龃龉虽然经常由于磋商而消除，但TVA干部按照原先的计划所拟的意见遭受拒绝，是一件很平常的事情。

电力配给供应完全由电业会议负责。电力从城市的边缘送到电力冰箱或工厂的压钻机上，绝对顺应着那种显明的政策，这政策构成契约的一部分，由他们志愿参加。订立契约以后，联邦政府和地方同时都受契约的约束。这些会议的组成人员是有各种不同背景和利益关系的：几位银行的总经理，一个股票经纪人，许多农民，律师，一个药剂师。在全部的开发事业中，他们拥有积极活动的机会，而他们在乡村中经营电力事业，就是积极活动的一部分。电业会议在实业开发上，由此而成为乡村设计、公共娱乐、战后设计等等事业的开创中心。

流域中另有一部分人民，就这样学习了共同开发资源的课程：电力与工业、电力与农业、农业与土壤改造、土壤与水源管制等。从此可以看出，基层民主，就是人民自我教育的全部故事。男女老少都亲眼看到他们这流域的改造，并实际加入了这份工作。从这事业中，他们得到一个使自己更多学习自然界基础知识和人类关系的机会。

第十四章　分权：权力遥控的解药

　　每件事情都由华盛顿来指挥，并不明智。

　　　　　　——罗斯福总统关于地方权力问题的

　　　　　　国会咨文，1937 年 6 月 3 日

　　我在前面所写的，就是我们在这个地方为达到中央政府职责的地方分权而努力的途径。

　　这种分权方法的主要目的，乃是为个人生活开辟更多、更富裕、更快乐、更可靠的机会，为个人创造真正的自由，培养他重视自己的观念。而中央集权的行政控制，产生疏离和外在的统治，对个人自觉决断以及履行这些培养和发展个性的责任的机会，是一种否定。

　　假如人民远离他们的政府，而政府对于他们的日常生活并无关联；更假如在管理与指导谋生方面，在工业上、农业上以及在物品的分配上，都与人民生活及地方社会距离遥远，则民主如何能够成为人民的现实生活，我觉得那是一种不解之谜。

"中央集权"不仅是管理范围和大小的技术问题，而且是处理人类精神上一种非常急迫的需要，这种精神需要体现在一种我们称之为"民主"的信念里。现代生活已经把美国推进到一种最为重要的实验场中。在这一流域内，实验民主方法的体验，就有了非凡的意义。这是千真万确的。

国会把 TVA 创设为全国的机构，但限定于一个特定的地域。这就提供了地方分权的机会。一个限定的地域，由于它的天然资源以及附着于此的人类利益而形成的轮廓，就是联邦活动的单位，而不是全国的。

这种实验工作执行的程度，有助于解决由权力向中央集中和人民远离政府所引起的一些问题，这就是 TVA 对全国福利最真实的贡献，它使民主政治变得强大有力。对于这些，历史是不会忘记的。

自然，TVA 不能只是实行这一种方法，此外还有适应于其他问题和其他地域的、不同形式的管理方法。分权管理，永远免不了各自不同的现象出现。正如集权的远距离管理，永远免不了出现呆板一律的现象。

实行地方分权，无论如何不是一件容易事。在它进行的过程中，永远不会是没有挫折、不令人失意而一帆风顺的。然而，在每一地方，倘使我们还要保持和发扬我们公民的精神和热情，则保存这一道路，我们的民主政治就将受到鼓舞而不断强大。

过分的中央集权——我们的中央政府自然也不是没有此种特性的，这是一种全世界普遍的趋势，在实业界也如在政界一样。首都的中央集权，大都是想要保护人民，使他们免于受到实业和商业生活中的过分专权的危害的结果。这种趋势，已经盛行不少世代了。小规模的百货商店和乡下的药房，已经被同一股东、统一管理、零售同样商品的连锁商店所取代。在银行、戏院、旅馆和配给电力的机关，就是说在实业界的各种活动中，地方控制几乎消失了。可以肯定的是，实业的集中，可以促使单位成本降低和促进工作。除了乡下的女成衣匠，或者乡下的杂货店和旅店，至少在开办之初，集中的好处是数不胜数的。人民似乎有意想要从全体一致中获得安全感似的。

最近，当村镇开始清查存货的时候，我们看到了已经付出了代价的实例。地方商业的利润已被拿走，地方企业已陷于窒息之境。衰退的乡村由此才觉悟到，这是对远距离控制的严重依赖而致。1929 年大恐慌来袭的时候，商业的集中化使我们较之以往任何时期都更脆弱而陷于倒闭。电力工业归于中央，一切有关于人民生活的决定，都远离了人民。城市与各州在这打击下束手无策。因此联邦政府必须采取行动，政府集权的趋势加快。

具有讽刺意义的是，实业的集中，将如它的过去那样，成为政府分权之巧于辞令的辩护人。中央机关发出的政令和小册子，使人们心中泛起了一种莫名其妙的混乱感觉：他们在一个店铺里买来的食物，从这一口岸到另一口岸，几乎每个城市都有它的复制品；他们在同样的椅子上休息；他们穿的鞋子是雷同的。在这种一致中，他们同时听到无线电广播谈论同样的问题，叹惜"雷同一致"的弊端。或者他们从当地的晚报上读到一篇社论——与当日若干别的报纸讨论同一个话题，要求他们选举一位自称能够中止政府中央集权的候选人。

我并不是被那种大实业小政府的论述所打动的人。我们相信，联邦政府必须有大的权力，以便处理层出不穷的全国性的问题。这一类问题，因为范围太大，所以不是地方政治机构所能胜任的。我相信并且确实知道，多数的现实主义者，一定与我有相同的见解。将来，中央政府对于集中化的实业所造成的全国性问题，必当担负更多责任。战争已经助长了这种趋势。

人民有权要求他们的联邦政府，给他们一个机会分享科学和研究的利益，有权要求对于革除地方政治机构无法管控的经济弊端的权力予以保证。他们更有权力主张，用于执行制定他们个人福利的法律，不能削弱民主政治中的各种人的智谋。

中央集权，无论是在政府抑或是在巨大的企业中，都存有同样的诱惑及危险性。谁忘记了这一点，就是愚蠢。在这种情形之中，还要避免中央权力过分集中的危险。

在许多实业的经营中，一如在政府的活动中，都可以做到这一点。田纳西流域电力企业的经营，怎样和这流域人民接近，我已经描述过了。基于我对分权管理必要性的确信自然可以明白，不必存有"过度发展"之忧。在此，我们只将有关供应电力的活动集中了，这种电力供应在整个区域都是一样的，而且单一的经营就能做得很好，就是水库和蒸汽电力厂，把电力传输至各个乡村。但是，我已经指出，在田纳西河流域，配电系统的产权和管理，都是地方分权的。我相信，这就是权力归中央、管理归地方的有效配合。这只是若干事例中的一个而已。

权力和权力的执行，这中间的区别是重要的。很长一段时间我们——无论是行政工作者、公民或是政治家，对于这一点，都还存在困惑。我们以往的行动基于这样的一个前提，因为权力集中的需要增加了，于是权力在行政上的集中同样在所难免。我们假定，新的权力和在华盛顿的议席既已允诺给政府，则此等权力也必由华盛顿来执行。从含糊不清和困惑出发，对于联邦行政的头重脚轻及运转不灵，我们曾视为当然。这分明是荒诞的。问题乃在于，对权力和权力的执行这两个观念要分清楚，不能混为一谈。

我们的任务在于创造出经营的计划，在这个计划中，中央政府的许多权力不再由华盛顿从远方来行使，而是由民间就地管理。

在任何地方，一个国家的首都，对地方情形及乡村风俗的知识，都必然感觉到缺乏。尤其面积这么广大的美国，各地方和全区域的差异性是如此明显而重要，许多公民和行政官看到了来自华盛顿有增无减的中央管理的权力，对于我们疆界以内自然和经济的变化无法顾及。产生自分权的国家力量与文化是无法从中央集权的行政中产生的。

可以说，曾经生活在新墨西哥的西班牙人所殖民的美国公民，他们风俗背后的几世纪的传统，和生活于南方山中的男男女女的问题，是何等的不同。然而，华盛顿对于此种情形，实在是过于疏忽善忘，这已经变成一种共识了。单只凭摆在他面前的一纸备忘录，一位行政官就想活生生地了解另一个遥远的地方的实际情形，这是困难的。比如，新泽西州乡村的生活方式，较之缅因州东部海岸的生活习惯，就是大不相同的。而且这些人民的祖先，从各自老家带来各种不同的风俗习惯、各种不同的生活方式，他们生活的地区有各不相同的气候。当一个带有全国性的计划，被推行给城市和乡村的居民，使之实行以至于明显影响到他们生活的时候，上述现象都是极端重要而不可忽视的。当这些差别尚未被了解的时候，一切法令都近于粗制滥造和不切实际。它们会摧毁信心，扰乱而不是增进人民的福利。

国家资本或者商业经营内的集权总是美化报纸的重要性。这就混淆了现实意义。人们从报纸上得到的某种成见，阻塞了他们对于事物的全面了解，使他们对于应当做的现实的事情，缺乏理解。在首都，不单是华盛顿而是任何国家的首都，从过去到现在，为什么总有这么多的官僚政治的现象，有这么多阴谋组织，有这么多病理学上的个人野心，有这么多的妒火中烧以及为个人复仇的思想。所有这些，都不是神秘不可思议的。事实乃是这样：一个高度中央集权的制度，是要男男女女都为着这制度本身奉献的。要想在中央集权的氛围中保持感知力和理解力，许多正直的人已经发现，那几乎是不可能的。

媒体宣传常有一种违反人情的影响。许多违反人情、残酷不仁的事情，由此就可以得到说明。这差不多是每个敏锐观察家都会注意到的。托尔斯泰在《战争与和平》一书中，对于这一点说得特别明白。书中皮埃尔·别祖霍夫是站在拿破仑的将领达武将军面前的一名俘虏。

达武当时正在看报，报纸上满载着纷纭的人间事务与关于生存上的问题，这些都是多数的象征。而皮埃尔的事情，只不过是其中的一例而已。达武抬起头来，略略斜视了他一眼。本来达武完全可以不顾良心上的责任，就做出一件恶行，立即把他杀掉。但是现在，达武想到皮埃尔也是人……

在基层民主的原则中，把每个人看作是"人"，这是浅近平常的事。这就是我们的联邦政府应该去发挥作用的地方。

这实在是民主政治所永远追求的。首都行政上过度集权累积下来的结果，致使政府效率大为降低。这在政府本身是极其严重的。因为对于地方情形的愚昧无知和距离遥远，或者是动作迟缓，以致法令与计划都遭遇失败。但是我们被灾患更加深重的影响所威胁着，那就是失掉人民的信任，而这种信任正是民主政府的真实基础。亚历山大·汉密尔顿①始终是强力中央政府的拥护者，我用他的话来说："始终处于远方而见不到的政府"，是不会有助于人民信任的。他又说：

> 政府平常的措施，越多运用国家的权力，人民越习惯于他们政治生活中的普通事变，他们的眼光与感觉对这些就越熟悉。对这些客观情形，深入得越多，与最敏锐的感情相接触，则人类心灵上最活泼的电力源泉，转化于行动

---

① 亚历山大·汉密尔顿（Alexander Hamilton，1757—1804）是美国历史上著名的政治家之一。他主张中央集权，1780 年起草一个政府计划，主张中央权力强大论。美国报纸联邦主义者及联邦银行的创立计划都是他草拟的。他创立造币局以后，其政策就被称为"汉密尔顿制度"。因为主张的不同，他与民主政治领袖杰斐逊作长期抗争。他是美国联邦政府第一任财政部部长。1904 年全集 12 卷出版，此外关于财政、金融及商业著述颇多。——译者注

的就越多，因而获得国民的尊敬心理和归依之情就越大。

当国民的"尊敬心理和归依之情"让位给发展的恐惧与不安的时候，授予政府更多的权力，则只是使之为非作歹而已。政府某些官员任性而为的嘲弄，替代了他们的自尊心。民主政治，决不能在恐惧或揶揄轻蔑的气息中成长起来。有两个可能，最后必然有一个要出现：或者是持不信任态度的人民，他们的怒惧不安，常常是被操持于自私者的心中，他们可能拒绝服从中央政府，这个政府应该在公共利益方面发挥作用；或者是一个骄傲自大的中央政府，完全以强力来执行它的意志。这两种情形的任何一种，对于民主政治的破坏都是毁灭性的。

我们是陷于两难之境了，我们没有理由隐藏其中任何一方面。我减少它所表现的复杂性和困难性。我们是需要一个强大的中央政府。这对于了解现代世界之变革性的每个人，都是显而易见的。但是，除非我们明白此种中央权力，有多少是能够以地方分权而执行的，否则我们对于将来的前途就不能有深切的了解。

重要的行政工作，并不需要每一个都在华盛顿决定。我们必须纠正自己的一种观念，以为凡是由联邦财政部支薪的每一个干部，他要支配联邦新法律和条例所规定的每一细节。这种想法是不对的。凡是对于民主方法怀着虔诚信心的人，应当首先主张使用民主方法，那就可以保证国家行政机能，不致因首都集权和一般人民相隔如此之远，因而打击并妨碍了普通公民参与政府事务的积极性。因为民主政治的命脉，正赖于公民的参加。

联邦的职责，在行政上可以是分权的，但在公民和他们的代表身上，需要一种全新的看法。因为权力固化了的事实，并不全是政府行政上的过失。法令很少被设计去提供行政上新技术发展的锦囊妙计。在一道新法令的条文中，你所能见的，就是过度集权有可能产生的危险而已。

我们的近代史已表明，许多名流和媒体记者习惯于称行政人员为"官僚"，并提出使官僚政治的流毒得不到再发展的方法。国会方面，常常是避重就轻，一件新法案通过了，一个全新的联邦计划的监督责任，总是堆积在已经精疲力竭（但很少不情愿的）的官僚身上。这位官僚虽然有一批新的助手，然而为所有细目作最后的裁决，仍旧是他的责任。

对于这种金字塔式的责任制度而言，美国实在太大了。在一种妄自尊大的普遍氛围里，同样的情形继续发生。人类的知识和精力是有限度的，古代人对于权力的欲望，充其量是为权力而权力。

至于田纳西河流域的 TVA，国会已经通过法案允许它实行分权管理。若不是国会授予这一机会，TVA 也就无从在基层民主的途径中开展它的事业。一个能够管理得了的地区，一条河的流域，就是它的一个行政单位。根据问题做决定，而又对问题本身负责任，这是地方分权的实验。

地方分权，并不是在各州遍设区域办事处或者分支机构，似乎假如一切必须取决于华盛顿，则在田间的官员只是一听差而已。真正的地方分权意味着一种在选拔与训练人才上的完全不同的见解，其意义是人才下乡。但是，倘若是有重要的工作、具体的任务，使人不能离开中央，那么就不会下乡了。

假如各局各部从人烟稠密的华盛顿迁移出来，那也不是地方分权。那自然可以算是必要而真正聪明的办法，然而那可不是地方分权。除非你遇到下述两个问题，否则你就不能理解我们在田纳西河流域 TVA 了解的地方分权的真实意义。这两个问题是：

第一，乡下人有没有决定权？

第二，人民个体和地方公共的团体，是不是积极参加企业的活动？

各个方面对地方分权的反响都是很好的。但是，除非对于分权的真实意义有深切的理解，从人民方面提出急切而不断的要求，否则对于分权的前途，仍然是于事无补的。

就像 TVA 所曾用过的那些方法被当作建议而提出的时候，经常遇到的主要障碍，乃在于地方民众不信任各州的管理处或者联邦管理处派到乡间工作的职员们，不相信他们是能够执行国家政策的。其中的原因，时常被更为伶俐而圆滑的言辞所掩饰。但是无论怎样伪装，这只是精英的说教而已。联邦政府官员同时只能是那些能够执行联邦法案的人，对这件事的证明自然是由提出这个理由的人来做。其实这样的陈述，常常证明是中央集权对于民主政治生机的绝望。因为他们对于居住在首都以外的任何人，表现出过低的估计或深深的藐视，要不然就是对现存的官僚主义制度存有一种卑屈的关心。

自然，有很多事例似乎是在支持某种主张，即一种管理完善的国家企业，决不能经由地方合作社之手而全部造就。他们以为，地方政治在公共事业上缺乏趣味和经验，而又不适宜于担任管理工作。厚颜无耻的党派行为，甚至于贿赂贪污——所有这些，都是重重障碍。我确信，这些危机是存在的。我更确信，我们这流域，已经把上述的大部分困难战胜了。然而，可供选择的，还有其他什么途径吗？公民很少有人参与政府行政工作，地方人民的责任减至少之又少。许多在乡下工作的联邦政府的职员，随带着表格，填完之后寄到华盛顿去要求"指示"，只有这种"完善的管理"才被允许。对人民的关怀，日益萎缩。地方民众与中央政府之间，人民与他们生活攸关的公共企业之间的鸿沟有增无减，这就是他们选择的途径啊！这是在削弱软弱国民的筋肉和个人的责任心，除非给筋肉以工作，否则永远不能够使之强壮。只有使用，才能长得强壮。此外没有别的方法。由于地方官吏或乡间工作人员的特点较之中央本部所能成就的，在质量上是有些差别，致使分权制度有时不见效率。这也是实际情况。这是因为，没有人民及与此相同团体的合作（一种公认为艰难的目标），则详细而远大的经济或社会政策和民主政治的计划，没有一种能够收效。我可以确切地说，在我们参战的第二年，我在这里写的都是真实而无可置疑的。一般人民的日常经验，证明这是无可非议的。

国家政策上高度集中化的行政，其缺点所在，决不仅仅是由于个别人的愚昧或顽固不化。借着报纸上的言论以及凡夫俗子的习俗，硬要使人民成为供祭祀的羔羊，代人负罪。但到了真相被揭示的时候，很少有效；它是经常不成功的。我们需要认识清楚这些事情，不要意志薄弱，抱怨于这些那些、这一政党那一政党，反而把真正的原因轻轻放过，那就是集权的危险与弊端。

这些弊端，都是由于大企业的管理过度集中而产生的，因而它是缺乏人性的。对于这个问题，有一种足资借鉴的意见，那就是百年前美国社会还比较单纯的时候，托克维尔①在他所著《美国的民主政治》一书中所说的：

> 一个中央政府，任凭它怎样地善于启迪教化，任凭它如何精明强干，也不能明察秋毫，不能依靠自己去了解一个大国生活的一切细节。……而当它试图运用许多错综复杂的动机时，一定得不到美满的结果，或者竟至于徒劳无功。中央集权，容易促使人们的行动在表面保持一定程度的一致，……结果，中央集权可以不费吹灰之力就赋予国家的日常事务以秩序严明的外表。……让整个社会永远处于被官员们惯于称之为秩序良好和社会安宁的那种昏昏欲睡的、循规蹈矩的状态。……一句话，中央集权长于保守，短于创新。到了社会秩序扰乱或者变革的行程加速的时候，它便会失去控制的力量。只要它的各项措施有求于公民个人的合作，则集权政府的懦弱无能就很快会被暴露出来。即使到了需要人民帮助的时候，其合作条件仍由政府决定，而又以政府指定的方式行之，这样的条件怎么能使人民愿

①　托克维尔（Alexis de Tocqueville, 1805—1859），是法国自由主义政治家及作家。1848 年革命前后尤其著名。参加法政府派遣之美国访问团，归国后出版他的《美国的民主》（1835），主张进步，文笔生动引人，被奉为自由主义的文学经典。1849 年短期任外长。另著有《旧制度与大革命》。——译者注

意帮助它呢？……政府的措施，一定要使人民有选择、是
自由的，它的行为一定要是对人民负责的。或者说，这顺
合人类的天性。人们对于他们所不熟知的计划，宁肯作一
个消极的旁观者，而不愿意做一个从属的行动者。

根据我在这流域中的经验，我与任何人一样，都清楚地知
晓，使人民积极参加基层民主的工作有许多困难。再引用托克
维尔的话，"劝人埋首于自己的事务"是何等艰难的事情。但我
们的经验是，多加鼓舞胜于垂头叹气。因为在这流域中，证明
几乎每村每镇和每一城市、每一农民社会，可为公共服务的人
才是用之不竭的。有一种观念，认为管理的头脑、计谋及能力
是美国有限的财产，这实在是一种无稽之谈。而此种说法，大
都是产生于对分权制怀疑的人。我在这一些关于流域开发的故
事的几乎每一章节，都可证明这种言论之荒谬。

事实上，TVA 未曾放松过采取最有效的方法，来消解企业
开创伊始时的大部分怀疑，并且使人民在各种观点上广泛热诚
地合作。举例说，关于 TVA 电力计划的情形，假如 TVA 不是设
立在这地区也不属于这地区，再假如除非远在几百英里外的华
盛顿，将"请示"的公文批下来，否则 TVA 不能自作决定。那
样的话，这流域能与 TVA 缔结关于电力供应的契约的人民，只
有少数了。与其受华盛顿的远距离的掌控，还不如纽约的一家
控股公司的管理更受欢迎。再如，TVA 若不是把它自己所经营
的一切，依次使之分权，则它的计划执行的结果一定很坏。
TVA 地方的和分区的经理们，以及其余的乡间工作人员，不仅
仅是戴着显赫的头衔，而没有地位没有实权的办公室的仆人。

他们是经过选择训练的，他们有更大的责任和斟酌处理的权力，也获得了应得的报酬。

联邦政府职责上的分权行政制度，并非是毫无失误、能医万病的灵药。在基层民主里面，错误、过失自然也是在所难免的。但是，即使是错误也是有用的，因为人们都面对失误，错误背后的原因可以被揭示和供人检讨。很多明智的决定及其成功，是全体人民满意与自豪的论据。我坚持相信，假如需要把推广电力广布开来，假如人民参加他们政府的计划是生活上所必需的，更假如维持人民对于联邦政府的信任是重要的，则分权制度是必需的。

我所说的分权制度，是对美国而言。但是，过度集权的流毒，不仅威胁着美国自身。分权行政，是全世界有效的解毒剂的一种，因为它所根据的人类感情，是世界性的。中央集权制度在任何地方，都是人类精神的一种威胁，而它的统治，是所有爱好自由的人们所痛恨的。

第十五章　分权制度的支持者

我希望从此进入实验政府的时代。

——托马斯·杰斐逊

假如全国就是实行国家权力的一个单位，你自然就不能把联邦政府的职务分权化了。要实行分权，显然必须划分比全国面积为小的区域，在 TVA 情形也是这样。国会与总统决定了资源开发应当基于天然较小单位的区域进行。至于区域的解释，在 1933 年的法案中已有了说明，即"田纳西河流域地带，以及……与因开发与之发生了关系，或实际受开发之影响的毗连区域"。

划分区域的作用，就是把它当作开发的一个单位，以有条不紊地从事实验。偏离国家政策的结果，要报告给国家，并以此作为研究其效率的资料。当时已经拟定，此种实验的结果，假如成绩良好，应当推广至其他区域供他们观摩和采用。要田纳西流域成为一种实验场的主张已经被提了出来，罗斯福总统在最初的国会的咨文中就说："假如我们就此成功了，我们就可以由此前进，逐步地在我们境内其余的广大、天然的区域上，做同样的开发。"

自从国会历次提出区域开发的法案以来，把 TVA 在区域分权上的成果，试用于国内其他地区的开发，已成为影响某些实际效果的问题了。关于这一问题的提议，每每都是主张在国内某处创立类似田纳西河流域的 TVA。

这几个字母被当作资源开发的一种象征使用，那自然使我们感觉愉快。但是，若把它作为与开发资源的提议有关的，那就非但不正确，而且是一种误解。除非他们事实上采用了 TVA 的思想。这思想的要义是：

·联邦的一个自治管理处，在区域内有作出决定的权力；

·由区域管理处负责，将区域内的资源作统筹全局的处理，而不是由集权的几家联邦管理处来分割处理；

·由法律规定一个政策，使联邦的区域管理处与地方及州的管理处进行合作。

我所解释的 TVA 全部的实验，很明显，除非清楚地把 TVA 这 10 年来由法案转化为行动的中心要义与其真正的精神及基本原则具体表现出来，否则没有任何一个为区域资源开发所做的提议可以描绘为"TVA"的。

我在此担心的并不是国会将来的立法是否遵循体现在 TVA 上的这些原则；此书具有一种更深远的目的，这目的并不等同于争论者极力主张沿用 TVA 的原则，以增加更多的区域权力。但是，在讨论将来的资源政策上，我有责任指出，仅仅使用

"区域权力"或者"区域行政"的术语，并不能体现 TVA 思想实践的本质。

是什么构成了一个区域的？使开发最有效力要有多么大的面积呢？关于这些细节，我不敢多加评论，有些专家自信能够决定这些问题。实际上，对于怎样才算是一种正确的尺度的判断，没有人能够写出这样一个公式。对于区域的构成和区域主义的一般理论等问题，有志深入研究的人可以再读关于这些问题的专业著作。

但在 TVA 的特殊经验中，有一种结论是我们所一致主张的：从管理的意义上看，为便于管理，区域不应当划得太大。假如区域过于庞大，则对于联合开发资源的全部可能性和接近人民及遇到问题的机会，都不免遭受致命的损伤。

依我的意见，TVA 现有的分区范围，河流加上广延于流域以外的用电区，要它像原来那样的大小就可以了，以后不必再扩大。在参议院已经通过、国会至今还没有决定的一件议案里，有人主张把开发坎伯兰河治理的责任加给 TVA。我以为这可以在战后实行。那条河的位置是在这地区和这流域之内，在距离田纳西河口两三英里的地方注入俄亥俄河。坎伯兰河流域的人民已经成为 TVA 企业的一部分了，并且对这事业很了解。但是，也有例外，电力供应现在已经延伸到这区域以外的地方去服务。于是我觉得，增加 TVA 的领地范围，将有害于它的工作效率，而且我们尽力补救的远距离管理弊害的合理性，也将受到威胁。

应当对那些对 TVA 怀有信赖，并企图把这方法实行于自己区域的人们提出警告，这是一种需要随时修正的工作，而不是抄袭模仿。其实，区域观念的力量，有助于传统文化和生活方式的差异性培养。而在别的重要事情上，又无损于国家的统一。国家统一，是在差异性基础上的统一，这是国家格言的要义：从多样性合为一体。[①]

假如我给人们留下来的是这样一种印象，把 TVA 的方法，在所有的情况之下，都供为照字抄录的现成模型；或者纯粹的分权要适用于国家任何一种职责的执行上，对此那我就只有敬谢不敏了。联邦政府的很多职务，从它对于土地、水、森林、矿产的开发及改良等事来看，乃是表现着全然不同的问题。资源是有它的既定的天然地位的，只有按着它这种天然的地位来加以充分地利用才能成功。TVA 的方法可以很快地适应这些问题。但是，纯粹意义的区域分权制是否可以适用于许多其他职务，并不是一个普遍性的问题。每到必须发明各种不同计划的时候，TVA 的方法与经验就可以有所贡献了。

在公共事业和实业中，能干的人总是一贯参与各种发明工作，并且获得显著的成绩。分权的管理，其进展已很可观，然而有另外一种倾向在出现。立法者和行政会议以一种不负责任的态度对付分权制度，他们把中央真实授予的自由裁量权与决定权的问题，以极端恶劣的姿态呈现给华盛顿政府。国会议员对于"华盛顿中央集权"的弊病，将施以猛烈的攻击，随之几乎在同一时间，马上（无疑的，是出于不知不觉）催促通过法

---

① 1976 年美国掌玺委员会建议，在国玺上刻上一句拉丁文的格言 *E Pluribas Unum*，意思是：从多数合成一个。印行的钱币上，也多铸上这句话。——译者注

案——要在华盛顿的中央局中，再增设管理控制机构。一位能干的国会议员对于联邦分权的必要性抱以真诚地关注，他最近提出一件综合性的议案，建议要广泛研究政府实行分权的方法。但是，只有几个月的工夫，仍旧是这位议员，又提议把联邦所有经营的一切电力企业，都归并到华盛顿的中央"电力行政管理"机构之下！

区域分权的问题，也被简单的观念所掩盖了。由于要疏散战时人口密集的城市，一部分人从华盛顿迁移到别的城市去，于是很多人说这就是"地方分权"。这可以简单地说是中央集权更昂贵的一种形式。于是就有一种趋势，用争论毫不相干或是比较不重要的繁枝末节的方法来分散人们的注意力，使之从问题的核心分离开来，陷入模糊不清的非议之中。因此之故，对于一个区域管理处是否应当冠以一个三人委员组织的部门，或者单一的行政长官为其首脑的问题，有时候就大有可乘之机了。这对于地方分权的区域，自然是没有任何好处的。

对于区域主义，另有一种更为狡猾的、回避现实的方法：他们把区域开发的好机会描绘为一幅生龙活虎的图画，描绘为优点俱备的典型。然而对于怎样才能获得这些美满的结果，却不加讨论。这种置事实于不顾的花言巧语，把逐一陈述的好处描绘得这般动人；然而证之以历史的事实，以任何传统的方法来开发资源，一向是没有成功的。如此表现的姿态，假如不是缺少坦诚，就是不懂得其中的主要因果关系。大众对于包含在区域分权中的问题，应该做现实的、坦白的讨论。若是一个特殊的目标被明确地加以描述，那么达到目标的方法也应该同样地被揭示出来，而不能视为"管理上的琐事"置之不理。

地方分权和区域主义的反对者直截了当地面对着问题。除了某些主要反对者的意见——其中有的是装饰在专家技术化口头禅中的，我不想对他们中的任何人做出回答。在他们重复多样的字句中，时常隐匿着集权政府的局或处的"授予权力"的意味。对于这些，大众是很少关心的，我也不感觉有趣，因为我没有发现此种反对意见与我有什么关系。

反对者时常很真诚、率直地提出意见，以为分区将使国家"巴尔干化"，成为分崩离析的若干小区域；以为分区就是一种偏狭的地方主义，会增加区域间的仇视，妨碍真正的国家统一，把国家弄得分离破碎而不能联为一体。然而，此种论点，正足以表示他们对于我们的历史缺乏了解，对于分区的性质也缺乏了解。它首先假定那些区域而非单个州，常常并没有成为实施国家重要政策的单位。有些学者如特纳（Turner）已经说明过这情形，而大家也都很熟悉明白。在国会的记录中，我们看到"某某先生从印第安纳州来"，或者从纽约州抑或从得克萨斯州来。而报纸更是现实，它报告关于"产麦地带或者棉花集团的参议员"的选举消息，或者"新英格兰代表在国会"的消息。

为着联邦立法的实际目的，必须认清，我们这是一个分区的国家，而不是以州为国家。

我们国家各种政策的制定发展，并非各州间冲突的结果，而是代表着许多自然区域间利益协调的企图。对于关税、内河水道改良以及农业的处理等等问题，都是在区域基础上进行讨论的。在我们国家解决这样大的一个经济和政治问题，不是靠各州间的争斗，而是各区域间的竞赛。解决区域间的争执问题，在美国的历史中只有一次是诉诸武力的。我们国家的政策，对于国内各区域间的分歧和争论，永远是沿着妥协的途径而达于和解的，虽然从国家利益的角度来说代价常常较高。局部主义是什么？每一区域都为着他自己的利益而斗争，对于全国的利益每每很少顾及。现在，我们要避免这种主义，倘能老调不再弹起，我们希望着那分离、不一致和局部自私自利的恶魔永不复见。然而，这又谈何容易呢！

　　另一方面，现代的分区制度，是完全建筑在国家利益至上的基础上的。较大地区而不是单个州的问题和资源，被公认为有一种共通性，比如一条河经过的流域。某些人的观念则重在国内某一地区的发展，而没有考虑全国的发展。但是，解决区域问题和区域资源的开发，是关系全国的事情，这也是大家公认和坚决主张的。区域的进步和国家的福利，应当是协调一致的。在国家利益至上的原则下，区域制度和局部主义之不同，是可以辨别的。我们的历史昭示了，在局部主义的旗帜之下，各州会有配合或反对联邦行动的现象。在现代意义下的分区制度之下，联邦政府致力于适应区域需要，达成全国福利的目标。

　　田纳西河流域 TVA 的创设，就是此种现代思想的分区制度的例子。为了 TVA 的建立 7 州并未因此自认为有特殊的地位，可以联合起来向国家要求什么特权，也并不眷念于由此而生的全国福利。联邦立法创立一个独立的区域管理处，其基本目的就是保护生长在田纳西流域的天然资源，并在协调的国家目标与国家政策的原则下，从事这些资源的开发。这正是"巴尔干化"的反面，而且实在是它的消毒剂。

TVA 事实上是联邦管理处分权理念的体现。分区制度的思想和 TVA 结为一体，这就展开了区域利益和国家利益之合理协调的路子。让联邦的机构在此种工作上发挥作用，用以替代经常是完全粗浅不堪而又空洞的政策，抑或是只有理论基础、政治评价的通常做法，这还是破题儿第一遭呢！

TVA 法案于 1940 年修正以后，它在平衡区域与全国的关系上，另有一种饶有趣味的情形。法案授权给流域内地方和州的管理处，提高 TVA 的产业缴纳费率，以代捐税。此种办法表现了区域和全国的利益之间，存在尖锐的冲突。自然，联邦的产业不能由各州征税。田纳西河流域希望国会同意从联邦政府所设的 TVA，获取最大限度的可能纳税额。另一方面，就是中央政府的利益，在于使它的财政部能够得到 TVA 电力收入的利润之最大限度，也即仅仅同意给流域缴纳最低限度的捐税。在国会面前，许多事情都有与此类似的冲突情形。当俄克拉荷马的州长调集州内军队，用武力表明反对联邦政策的时候，国会中争辩的激烈达了最强烈的程度。

国会方面能够根据事实和相当的原则，来调整田纳西河流域的区域与全国间的冲突，这还是第一次。因为 TVA 的天职也是在形成一种平衡的关系。因此，考虑这种问题，并不是仅仅以投票的热情、互相帮助的可能性，或者以偶然事件以及冲突破裂为标准。为使此种职责达于成功之境，TVA 必须取得该区的信任，并且向国会保证将国家利益放在首位。

TVA 曾对由 TVA 置产，对前途的评估以及区域从联邦资金所获得的利益，这些现实以及引起的地方捐税问题，做过详尽的分析。对几个州的各种不同的赋税法的详细条文，TVA 也曾加以深入的研究。TVA 的代表与各州的税务官吏、州长、许多县的税务咨议以及联邦税务官吏，商讨过关于各种特别困难的问题。后来拟定了一种办法，把 TVA 当作是全国性的机关。它虽然没有地方税务团体原来那样的主张，但是它的公正无私，已经足以使各州同心协力进行合作了。国会委员会经过详尽无遗的审议之后，TVA 的法案通过了，各州也表示赞成。在此法案之下，截至 1943 年底为止的会计年度中，TVA 付给流域内各州各县的电力收入的税款，总计为 532 万美元。单在 1943 年 6 月底为止的会计年度中，TVA 这项支出的总数就有 200 万美元。

虽然区域内企业理解并同意设置一个联邦管理处的办法，认为能发挥团结各区域、增进全国利益的作用，但因为它增加了国家的力量，所以和局部主义的思潮是相反的。此种情形的实例多得很。比如说，在这事业开始之初，TVA 曾采取坚定不移的立场，反对其他区域已有工业向田纳西流域迁移的任何政策。如果不这样，则此区域内如此重要的工业发展，我们对国家所负的义务，将不免被那海盗式的工业所扰乱。此种政策实在是关系重大，最初并不为人们同意，但是现在已博得差不多全流域的支持。有些私人企业在这种侵入性的做法上，已是习之若素了。用免税和供给免费土地、建筑物和廉价而易于驾驭的劳动力的办法使工业迁移，其实行的结果，是惹起区域内部的相互仇视和互不信任。这是流域内实业利益笼罩于不满的云雾之下的实际情形。

TVA用一种十分不平常的方法，通过联系国家和这一区域的利益，加强了国力。使用鼓风炉，把大平原以西地方的磷酸矿石造成肥料这件事，就是一个说明。自然，这还是以田纳西区的需要为起点的。但这一区内的高度磷酸矿石，其储藏量实在有限，以它来供给这一区域土地上的大量需要是不够的。但是，在西部的公共区域却有无尽的供给资源。TVA最新设计的电力熔炉，本来可以作为制造此等矿石的理想工具，以供中西部肥田之用。但是，此种熔炉不适用于西部矿石，因为成本低廉的电力还不能供给。怎样才能便于使用西部燃料的新式鼓风炉，这要TVA的化学工程师才能回答。因此要防止把东南部的矿源用至山穷水尽，此后国家才能改良西部、中部的土地，区域的利益才能促进全国的利益。

将那行之已久、只顾地方或局部利益的各州自行封锁和建立各种商业壁垒的记录，放在相似的、有时候是相同的情形之下，和国家的区域管理处的作为作一番对照和比较，并不是一件徒劳无益的工作。

区域主义可以在一种供给全国选择使用的，有一定规模的开发和管理方法上进行尝试和实验。关于这一点，TVA自己的起源就可以说明。罗斯福在纽约州，佐治·W.诺里斯在内布拉斯加州，都已预见到了对资源实行区域规划的重要价值。他们都主张在南部地区建立一个国家的实验区，以作为各区域估评选择的参照。全部河流的试验工作，比如以复合效用的水库替代单纯有限效用的水库，以水库来管制水源，试行的结果证明了可以将此应用于任何别的地方。关于管理上的新方法也有同样的情形：在别的联邦管理处关于地方分权的几种特殊步骤被直接公开出来作为大家的知识，并且为这一个流域的成功经验所证明。

区域制度是在加强着国家，而不会分割国家。TVA 已经把国家置于这样的基础上面，如 1933 年罗斯福在选举总统的南方演说中所说的：

> 今天，在两个州这样规模的一个小区域之内，不仅是联邦政府施惠于人民的机会……也是为很多州的，实际是为全联邦的人民完成大目标的机会。因为，我们在这儿有了一个机会，不仅仅是为自己，而且为将来的几代人树立规划榜样的机会，努力将工业、农业、林业和防治水灾以及相距几千英里的地方联合为一个一致的整体，为我们那些尚未出生的千千万万的后代的生活，提供更好的机会和更好的地方。

在许多琐碎的事情上，TVA 把自私的局部主义和全国性的区域主义作了一番对比。TVA 的人员是根据一种慎重的决策，从全国各地方选拔来的。但是在另一方面，出于偏狭的局部的利益，许多城市和州把雇用的范围局限于本地公民。TVA 把技术人员"借给"许多政府的管理处去工作的办法，表现出与TVA 策略相同的原则。比如对于西北部的邦纳维尔的管理，对于南卡罗来纳的桑蒂-库珀的开发，以及对于得克萨斯的科罗拉多河的管理等，都是例子。各管理处在某种程度上，必须参照田纳西流域的工作经验与工作方法，即使在琐碎的事情上，如土地买卖、做电力表格、管理人事及会计等也都要学习一下。

国内别的地方，最近还有几个别的国家，在许多问题上要请TVA帮忙，因而这一区域的管理处或有坠入偏狭的区域主义的危险。

"假如有很多像TVA这样的区域机构，它们如何可能彼此协调呢？"这个问题时常被提出来，好像只能有一种答复似的，那就可能把区域制度完全驳倒。有的时候，由于对区域观念表示友好，于是可以听到这样的说法："已经证明了TVA是有效的，但是因为只有一个TVA。"

照这些批评的意见，各个区域应当是各自为政了。结果是造成混乱，就需在华盛顿设立"统一的"专业管理的机构。这些担心，需要根据TVA的经验给它一番解释。

当然不用太害怕，为这些企业所关注的各种政策会有什么冲突。对策是什么呢？就是区域当局必须推行国家政策。这等广大的政策内容，必须由国会决定。国会与总统的最高职责，自然是决定此种有关全国的、政策上的冲突问题。为助于这些政策上的分歧得到合理的解决，区域当局提供了达成此目标的工具。假如立法方面把地方分权的基础建立起来，国会方面通过法案，则以为基本政策大局已定，对前途足以引以为忧的根据似乎就很少了。

假如不是政策上的一致性，那什么是对区域当局之间冲突的本质理解呢？是对于"缺乏一致性"的恐惧吗？实际上并非如此。联邦分权管理的职责，实际并不止于动作上的划一。实际上是这样的：这一区域的问题，应当用与其他区域不同的方法来解决。

对于此种顾虑的情形加以检讨是要紧的。弄清楚了以后，乃明白这种异议的性质，抱此种顾虑心理的人，几乎没有例外的不相信作为一种管理政策的地方分权。

分权制度，直率坦白地努力提倡多样性的发展；而集权制度，要求一律和标准化。

事情十分简单，假如你所谓"一致"的观念，是指行政上的全国一律化，则区域制度将要造出使"一致"行不通的问题。一个管理完善的国家，每一个区域都不是标准化的，不是同样的，更不是一律的。假如你认为这种情形是不能想象的，那你就不能希望有分权制度，而你自然就要反对地方权力了。反之，不提倡统一性的管理，而在大的国家政策之下发挥地方的各异性、特殊性，在这差别如此之大的国家各处，运用柔韧性和斟酌的精神来处理，你将察觉到，正确明朗的、合于人情的、使人满意的各种情形出现在你眼前。然后，由集权主义者所提起的一切问题，就比较简单而容易处理了。

对于那些负有管理责任的人，夸大其词地说必须那样做才可以获得"一致"，是困难的事情。这涉及管理方面的许多琐碎的事情。假如联邦用"一致"的方法购买土地，势将用同样的方法对待田纳西州东部的农村高地和东北部印第安纳的局部平原。那些主张一致的人们又将如何呢？对于那些人来说，假如它不能把"一致"实行于全国，那样一个关于人事管理的规章就不是一个好规章。

现在，你的心里假如就是那样的反应，你就要反对区域制度了。因为只有中央集权的政府，能够把国家套入如此简单的一种模型之中。在田纳西流域，在阿肯色，在伊利诺伊和新墨西哥，怎样去执行这些地方的公共事业计划，假如你被煽动，假如这种差异性表现为冲突，于是你会以为区域分权制度将催生冲突的假定就是对的了。

这倒并不是说，在区域制度之下，各区域之间将不会有冲突发生。重要的冲突必须由国会解决，中央政府建立以来一向如此。其他涉及行政部分的冲突，将由总统解决，这又是在集权的中央政府的管辖之下一贯的做法。

许久以来，我们为管理上的强迫观念辩护，认为一致性在管理上历来是必要的，国会与总统必须处理还将继续处理的那类协调此类争议，一天天增加。区域制度没有把这些冲突完全抑或大部分地解决掉。但是我敢大胆地说，它能使冲突减少很多。这是真的，因为使之达于一致的最好场合，就是与发生冲突接近的地方，而不是在它的上层，也不是在中央机关。这些是实业管理家熟知而且每天面对的。同样的事情，在政府中也可以得到证明。

所以，看看全国的景况就可以肯定地说，在国家的利益上，区域制度不但没有给一致性增加困难，而且据我看实在使困难减少了。让读者想想吧，TVA 用以开发资源之方法，是以地方社会和州的管理处为一大主体。因为 TVA 在田纳西流域，就是一个地方分权的联邦管理处，所以它有权从民间来做一切决定。至于地方社会自己不能解决的管理上的严重冲突，则诉之于远方而且常常是不切实际的司法"裁判"以求解决。我已经说过，那种办法并不公平。

区域管理处和联邦其他的管理处之间，或者与中央部门之间的一致，自然不是机械的。一开始，TVA 已经展开了一个综合的计划，这是要由联邦的每一个管理处之间的积极合作来完成的。无论是在华盛顿或在乡间的办事处，都负有帮助这一区域建设的职责。这一区域的变革，是联邦这些管理处活动的功劳。在前几章，我已经暗示过了，我在此仍然要重点提出来。TVA 与几十个联邦部门订立了几百个契约，这些联邦管理处之间的契约关系，时时在重要的事情上显现出重要的差异。把这些契约缔结成功不是一件容易事。但是，在干部之间，没有任何差异不可以被解决。10 余年来，发生在 TVA 与这些联邦的局或处之间的冲突，没有一次是必须要与总统见面才能解决的。

区域制度问题包含的内容纷繁而庞大。因为涉及许多根本的问题，更周密详细地讨论是本书范围所不及的。我们的经验明白地指出，把一致的困难与冲突的危险，认为是起于区域分权制度，那都言过其实而绝对不准确的。

第十六章　现代工具与现代工作

　　一种新的现代工作，必要有一种新的现代工具。发明机器，以之完成既定的政策和目标，必须要有一种企业精神和创造性现代眼光。TVA 所从事的，就是此种新的现代工作。为着这种工作的缘故，国会与总统创造了一种新的行政工具：区域开发组织。

　　TVA，这种合作体制的公共管理处的设立，它的组织、工作方法，以及工作性质与范围，都与美国从前开发资源的努力不同。但是，实际上，TVA 并不是因为其合作性质而成为一个具有特色的团体的。运用于公共事业的合作办法，自然既不新奇又不稀罕。

　　TVA 的重要政策成为 20 世纪民主政治的工具，其原因在于：国会在创立 TVA 时把主要的原则和实行现代经营的一切，都郑重其事地写入法律。一个联邦管理处被赋予全权处理的最大的责任，这是美国实业中被认为达于尽美尽善的管理所必需的条件。

　　立法中有几个部分是颇费思量的。对于经营的原则，以及为推行新政所需要的组织，国会委员会曾经过多次讨论和辩驳。这本身就是一件重大事件，在美国政府的记录中是罕见的，并且它使我们更容易完成将法律变成事实的工作。

虽然根据政策而又经过周详考虑的立法，还是可以彻底讨论的，但为完成这些政策所提出来的方法，却很少被人注意。关于管理的规定足以决定政策是有效的抑或是失败的，这是经过激烈辩论的。可是，由几个书记起草，仅仅把几种旧有的法律或者成案词句摘录下来，在他们也就算是提出法案了。还有，把管理方法制成法案，不是要达到的立法目的，也不是因为它有促进法案目的的特殊效用，而是因为现有的一些政府机关急于主张扩张它们的管辖权，或者保护"授予"它们的权利。

任何事情成功以前，必要经过那种"关口"和批准的手续。这种过分的中央集权，其重复造成的麻烦，致使工作遭受不堪的延误与耽搁。管辖权的争执和"推卸责任于他人"的事实，都证明政府处理方法的混乱。在立法阶段，从许多事情中就可以看得出，所有这些坏处，是他们毫不在乎地一手培植起来的。现代化的经营原则在公共事务上的重要性，他们不能并未严肃认识到，这足以使我们在将来遭受到严重的后果。

紧接着战事结束之后，甚至于在敌对行为还没有停止以前，我们就面对着这一连串的新困难：处理价值几十亿美元的最新式的国有工厂；建立与各国间的交通机构；维护保持世界和平关系的经济工具；加强国内资源的开发等等，不胜枚举。这些都不是传统的旧问题了，而是如水力发电工作那样，如巨型的货物运输机和那流行起来足以使世界为之改观的电子发明物那样的现代问题。除非改变以往的倦怠与疏忽，否则，为使依据于现代问题而制定的政策更有效的施行那些手段，将仍是传统的、死板的，没有生命力的。

于是，TVA 在那充满了朦胧的空想的战后社会的氛围中，做了一个真实的实验：最为重要的，是使工作得以完成的方法，它们不应该被束之高阁。并且，对于公共的或私人的资源开发和工业化，方法的选择将决定它是为某些特权者的政治或经济的利益服务而变为个人独裁，还是由民众积极参加并分得利益的一种民主模式。

一种工作，倘若选定了用官僚的方法来执行它，则不能成为民主的。我指的是，由政府的或私人机关派人单独来执行，因此完成的事情是"针对"人民的，并不是与人民合作的。一种事业，假如依据法律或习惯，必须用官僚的方法来执行，那就不能够培养出人们的民主精神。

工具的选择是重要的。那可以是这样的一种选择，由此种选择而使分权制度成为可能，并使专家们和负责任的行政官与人民接近，参与解决人民的问题。方法的选择也能使资源开发中任何获得一致的希望都成泡影，只要其不允许开发的管理处实行足以达到协调一致的经营。方法在"管理"上并不是一种晦暗含糊的事情，它好似目的与结果之不可分，又正如我们的肉是由血生出来的道理一样。

法律上之所以要设多少局、多少处、多少委员会，那都是由于习惯上的一脉相传，而并没有追随着现代的管理原则，这个原因是不难理解的。过去的立法政策大都是消极和有限制的：

"某件事情不许做。"因此,立法机关的气氛也就带着一种浓重的取缔限制的味道,表现出一点小心谨慎和有限的责任,但缺少信任,并且永远是让一个人去监视另一个人。

但是,管理技巧的传统性和风俗习惯,与所有这些法律上的消极性是离得很远的。管理,是肯定的行动。比如说:"这就要做成了",这是用意识与技巧,以稳固的责任来规定做什么。以管理者广泛的自由权来判断,怎样才能做得最好,那就需要掌握着最好的、现代的管理方法。

在 TVA 的规约中,国会清楚地宣布在田纳西河流域都做些什么事情:把未经使用的资源,如河流、土地、矿产和森林利用起来。着手的工作,规定得清楚而简单,但包括的范围很广。航运业方面:从诺克斯维尔到俄亥俄中间的一条运河最窄处只有 9 英尺宽,田纳西河与密西西比河下游的水位管制,都已包括在内。电力方面:尽其最大限度,与这河流的其他使用方面相配合。农业和工业的开发,马斯尔肖尔斯工厂的经营,研究工作以及其他等等事情。国会对 TVA 的管理人说过什么是我们所希望的事情,以及我们要用什么方法来判断和承担责任。

不只是我们要做的事情,而且我们所遵循的基本政策,也同样得以推行。就如关于电力的处理,国会对于这里包含的细节如电费价格并没有想要控制的企图,而只是指示 TVA 要遵行固定的电费规定。应当在什么地方建筑水库,并不是法律给我们规定的,也不是法律的日常执行指示给我们的。但是我们知道,某些大的决策,应当在其组织和执行上追求成效。这就是说,一定要有很大的效用。事业之间有冲突的时候,航运业和水位管制比电力生产应当占有优先权。TVA 详细的财政记录并未有规定，可是财政政策与费用管理已规定清楚。什么人合乎我们的雇用要求，怎样来挑选这些人员，并没有载在我们的规约中。但在规约的附件里已经指定，绝对要根据其特长用人，而不是政治上的考量。现有各州及地方管理处，与农民、农民团体、公共团体和并无直接利益的团体订了很多合作契约，这对于管理上实行民主方式，很有鼓励作用。然而，推行这些政策的形式，倒不必是固定不变的。

这就是管理实业的好方法。但是，政府大多数的管理处，新的和旧的，都还没有这样做过。经营方面的细节，比如旅费开支究竟应当多少，就是在私人的董事会也还不能明确。在联邦的组织中，一般都是根据常年经费预算决定的。经营方面的费用，条目不下万千，都是经法律规定的，所以开支的总数不能超出规定。一个巨大的企业，用这种烦琐经营方法，自然与现代的实业经营之理是不相适的。在田纳西河流域 TVA 这样的企业中，这种做法将会扭曲和夸大固定经费项目所包含的各种因素的比例。管理者应当用最好的方法，集中全力以争取全局的利益，因为那种逐条记载的律令的限制和经营方面的指挥，必定是偏执于详细的项目，而不侧重于全部事业的结果。曾经给予法律命令以尊严的详细项目，因其繁杂，使管理职务的普遍一致的重要机能大为减弱了。

关于 TVA 这些细目工作的指挥，并不是国会的职责。只有1942 年的一个事件例外。当时 TVA 旅费的最大支出，是由法律规定的。这与现代的经营原则相背离，还被说成是出于经济的措施，实际上任何能干的经理人都可以看得出来，这是会导致消耗和浪费的。不到一年以后，国会对这问题再行讨论，同时把自己的规定废除了，施行纠正错误的措施。追溯既往，在立法者看来很明显的是，TVA 保持工作人员在农场中所需的费用（政府传统的术语名之曰"旅费"），是用于建筑水库或传导电线，或经营一个化学工厂开支的一项。

工作已经确定，大的政策也已决定，国会对于田纳西河流域 TVA 的立法，已经开启了我们历史的新页：一个区域的资源开发，固定由一个管理处承担责任。对于一个经理人在一个地方负责全盘工作的所有部分，应当是极为平常的事。各个部分又是互相关联、互相交织的，比如土地、水、矿产、森林等。这真是政府行政上的一大革命。

在河流的开发上，不单只是水的管制、航运或电力，是所有关于水的使用都被合拢在一起，由一个公共管理处负全责。而不是把水这份资源放在政府的某一部分，与土地或森林分开管理，也不是把农业与工业分开处理，更不是把工业与运输及电业分开处理。TVA 对结果所负的责任，是用对于资源利用的之一致性来衡量的。TVA 的规约中明白地指出，"协助促进田纳西河流域自然资源之适当使用、保存及开发"，"确保居住于上述流域的人民之经济及社会幸福"，"进行上述地区内自然、经济及社会的开发"，以及"上述流域的农业及工业的开发"等等。

对于因没有取得成绩而逃避和推诿责任，最好的措施就是责任固定。可惜，在许多公共管理地区，此种健全正确的原则，似乎仍是一种新奇的事物。国会就是用这种明确责任的办法，切断了 TVA 任何规避责任的可能。假如，由建筑水库而招致危及公共健康的疟疾，TVA 就不能推诿说公共卫生是其他机关的责任。再如，因为使河水发电，致使水灾不能充分控制，这也同样地不能推诿说另有机构需要对此负责。再假如电力的成本太高，以致不能偿付所投入的资本，也不能推诿责任说这是因为别人造的水库功能不能使用。经营上的每件事情，都是这一个相同的道理——现在我以人事选择为例。

TVA 董事会（不是文官委员会）对于人员的任用、升迁及解雇，从总经理以至信差，制定了一份有详细条款的规定。我们所要建立的，是法律上所说的一种"考绩制度"，我们已经这么做了。但是，假如选定的人员对于人民的各种问题，不能解决或是感觉迟钝，再或者一件速记或架线工作，原来是一日之内就可做完的，而我们雇用了一个月做完的工人，那我们就休想能够逃过文官委员会规章的谴责。我们的管理人对于 TVA 会议，也不能推卸责任。举例说，TVA 接受了兴建肯塔基水库的委托，要花费 1.1 亿美元，然而这并不包括设计和执行建筑人们的费用，这肯定是奇怪的事。我们的政府经常缺少实行明确责任的办法，在我写此书的时候，联邦常设管理处中，只有 TVA 对它人事的选择升迁是绝对负责的。

参议员利斯特·希尔，1933 年任 TVA 法案讨论会代表，最近他在致送参院司法委员会的一封信中说：

> TVA 全部规程的目的是创设一个能够负起责任，能够摆脱我们所抱怨的政府官僚作风的机构。我们敢下保证，假如遭遇失败，绝没有"推诿责任于其他部门的事情"。因

此也就无须在管辖权的争执上消耗精力与时间。TVA 委员会自愿为国会所规划的政策之有效执行负起责任。

国会一贯把这种经营上的原则，即固定而又不分割的责任，扩展于这事业的日常生活之中。购买田地筑造水库，就是一个例子。它不能和其余的工作分开。假如这块田地不能很快适应建筑人的计划，或者土地所有者为我们办事，不是公平、迅速或者客气的，则 TVA 不能归咎于政府别的任何机关。购买机器、材料和其他物品，或损失赔偿、履行契约，也是如此。在大多数的政府事业中，经理的职能往往从个别的工作（如建筑、工厂、水库等）中分离，而集中于几个不需对整体结果负责的、各自独立的经营处。业务经理们习惯于那种全然不同的处理方法。此种分开为单项工作的办法，就是他们与政府周旋屡遭挫败的根源。

由于这种健全的管理原则，反对 TVA 的人们虽不断提出不赞成的意见，国会仍有意把法律上批准 TVA 经费的手续解除。这种建议已获得美国现任审计长的许可，这位审计长就是负责稽核 TVA 账目的。

因此，TVA 得到了经营上自由处置权，但它不仅对所做之事负有责任，而且对如何做好所做之事负有严格的责任。

这种固定责任的办法增进了创造力，并给企业成长以发展的机会。劳动者合作的场面就是一个例子。每一个现代的经营者都明白，在一个困难的事业中，要想获得优良的成绩，大部分要仰赖于与雇用人员的工作关系，这种关系建立对工作的信心，培养工作兴趣与工作热情。对于 TVA 的电力系统或在建设中的水库工作，罢工或者任何扰乱的发生，都足以造成灾难，而 TVA 的管理人对此要绝对负责的。因此之故，与工作者发展关系，一开始就成为我们主要注意的一件事情。

假如国会像 TVA 和几个别的管理处之间那样给人事管理提供责任区分的主张，那么现在已为众人所知且被广泛认可的、有组织的工人与 TVA 之间的积极合作，是不会发生的。固定责任制，也就因此促进了 TVA 的经营部门与雇用人员之间的"管理上的民主"。这应当是极其明显的，除非在 TVA 内部实行民主的方法（不只是劳动者管理部门之间的，而且是 TVA 经营部门本身），否则不可能希望，在这流域的生活上，TVA 还能促进民主精神的加强。

国会反对把 TVA 事业的责任分割开，因为从过去的事实中可以看明白，那样的做法不免产生出一种毫无意识的统一性，以及由此产生的强制性和死气沉沉。因为当职责离开了培育它的、给予它现实与生命的责任主体来使用，任何行使空洞职权的机构为防止错误和滥用职权，就必须尽力制定足够详细的规章。为着得到想象中的标准化的利益，此种规章每每通行全国。于是，它就像在扮演着数学上最小公分母的作用。规章的仪式性，管辖权的争执，以及对于官样文章之赞颂，都一同滋长于这种责权分离的氛围中。

自然，我并不是暗指，美国的公共事业如此奇怪。在英国的政府的行政机关，时常被人誉之为世界最好的不列颠内务部，也表现出这种相同的趋势——不实行经营上的原则。一位观察家[1]

---

[1]　见牛津大学出版的《英国的公共事业》，戈登著。——译者注

在论及英国政府的老套作风时说：

> 在英国，内政上的传统，暗示着一种强硬的权力上的
> 阶梯制度的组织……议会对于行政上任何细目的质询，都
> 集中于强硬和过度的中央集权的问题。一位退职的邮务总
> 管对于这问题说："对那些大官僚们来说，提出行政上的细
> 节，就正好可以让他转动心思，背离一下大的政策。"地位
> 的完全保证，经常性的行政上的特色，带有一种升迁不依
> 特长而依年长的趋势，这对于常规的行政最为相宜，是英
> 国内政上的特色。但这对于创造力的发挥，不能产生充分
> 的鼓舞作用，而这作用，无论在传媒或在销售上都是最为
> 需要的。

一位著名的在公共事业上经验丰富的曼彻斯特实业家欧内
斯特·西蒙爵士，于 1943 年参观了田纳西流域 TVA，他对于
TVA 干部的那种创造精神有所评论。后来他把此行亲自观察的
结果印行出版，其中说道：

> TVA 的指导者们……已经尽其可能地通过干部负起工
> 作责任……同时将内政上官僚习气的繁文缛节一扫而光。
> 全体干部都是兴奋鼓舞，勇于负责的。我看到了，由这些
> 干部们培养出一种建设中的创造精神，这与最完善的私营
> 企业的情形是一样的。

TVA 在经营上的任何缺点，任何迟误与浪费，以及曾有过
的执行上的效率低下，这些都是由 TVA 委员会直接负责的。因
为国会所提供给我们的这个环境，把它经营得完善是可能的。

国会与总统期望我们经营出一个尽美尽善的实业合作社。"这是你的工作，这儿有无穷尽的方法等着你来选择。管理上的细节，你可以选择最好的方法，在你们规约中规定的政策范围之内去斟酌执行。你是经理，要把事情做好。假如你不能而又不做，你是要负责任的。"

合作社就是实行固定责任的最好的媒介。TVA 已经作为一个合作社而被树立起来了，只是它本身不做任何的保证。它并不如国会所赋予其余各局的那样，把责任分割开来而从事于细节的经营。事实上，我们有几个公共合作社，就是这样给我们加上了负担。但是，在实行合作计划上不做保证有一种心理上的好处，由于既成的惯例，合作社负经管上的完全责任这观念，已经深入人民的心中。

国会于 1933 年趁着选择独立合作社创立计划的机会，从政府机关各局的老套办法中，把 TVA 解放出来了。TVA 继续在这种独立自主的状况中存在，它不是现有的任何局或处的一部分，它的报告是直接送呈总统和国会的。

假定国会将 TVA 在这流域所执行的、关于经营上和分权上的许多原则，延伸到政府的各个部门，那可能意味着实质上取消历史性的华盛顿的各部门吗？那样做，对于现有各局的影响如何呢？这些问题，不是此书讨论的范围。但即使这些原则由政府批准延伸到联邦的每一个活动上，则中央很多机关的职务，显然还是全无影响的。还可以看得出来的是，华盛顿各部分的规模将要缩小，它们的工作性质和内容也会改变。

我希望这些关于政府管理上的问题，能成为研究和客观讨论的题目。因为这些问题，以后都会不断被提出来。我们的联邦政府，逐渐地将成为国会和人民详细研究的对象；试验与或急或缓的变革，是在所难免的。

　　政府执行职务的方法，其中各种问题都属于专家的专业领域，但它与人民日常生活的关系现在已变得太密切了。政府中反对改革的人们，有的时候也颇能使官僚生活不得安逸，同时他们裁减了很多行政和管理人员。他们说，在政府的行政中，无论他怎样尊贵，都绝没有个人的或政治的特权。这种做法，意味着已经不能抗拒大众要求政府采用现代管理的潮流了。

第十七章　"政治"是什么?

TVA 能够离开政治吗?

这是人们时常提出来而且时常争辩的问题。人民对于"政治"的看法,既不模糊,也不空洞。他们的看法是:选择工程师、土地购买者及一般工作人员,这些人或者他们的亲戚朋友,曾经选举过某人去做官;地区开发在某种意义上,能够使有参政权的企业家获得好运;水库的所在地能够获取更多选票;简言之,把 TVA 看作一种党派的政治目的而使用了。

TVA 的反对者,在这几年的长期争辩中,认为党派政治的流毒必不可避免地要影响 TVA,任何的政府事业都有此弱点。参议员诺里斯针对一个极力反对公共企业的提案所引发的争论,便是实际的例证之一。防止此种预言成为事实,曾经是令计划执行者心神不安的重大事情。一直到现在,我们所取得的这些成就,大部分是由国会自己所做的决定;这些决定远离政治,被写在 TVA 法的结语中。

一条河流没有政治。一个工程师,无论他是民主党党员或是共和党党员,是保守派或自由派,有政治问题的知识和趣味或全然没有，与他是否具有设计水库的能力是完全没有关系的。在此种意义上，专家正如河流一样，是没有政治的。但是，一条河流是否应当开发，那就是个政治问题了，而且是一个真正的"政治"题材。一连串的水库，是否仅提供航行使用，或者是为着全河流一致的目标而提供各种用途，这又是政治问题，并且应当由国会作决定。TVA 法案就是包含着这种无限的政治可能性的，那是代表全体人民的议员们所应当而且必须作的决定。将资源联合起来开发，这就是一个政治决定，它提供了区域分权机会，在一个区域内把责任托付给一个固定的管理处，甚至于 TVA 在人事选择上也必须超脱政治——所有这些，都是政治决定。

各种事实和有经验的并非政治性的观点判断，都是技术决定与技术工作的可靠基础。在某一具体位置的一块岩层，是否可以作为水库的安全基础；某种载重卡车、电力输送塔，是否最适合于某种用途，这些都不是政治问题，因而不应当靠政治来决定，也不应当由政治团体来决定。反之，专家与管理者不应当直接或间接地决定政治问题。尤其重要的是，他们应当在事业上负起严格的责任以影响公众舆论，这都是民主政治方法的表现。

这些原则能够并行不悖吗？科学与政治，能够共同相处而不分轩轾吗？专家与经理们掌握着操纵我们生命的大量技术知识，能够持续为公众负责吗？

TVA 在过去 10 年中，自然多次遇到这些基本问题。对于这些问题的回答，一直到现在都是肯定的。大家都已普遍承认，技术与经营两方面已经达到最高的标准。而 TVA 是为国会树立的公共政策所引导的。热心支持 TVA 反对政治干涉的人们，最容易得到人民的回应。亚拉巴马州参议员班克黑德，在最近参议院的辩论中所说的，就可以代表此点：

> 田纳西河流域 TVA 没有政治性的活动，除了为执行该局法案所宣布的以外。它没有做过政策性的计划，据我们从各方面已经听到的，它所做的还都能使一般人感觉满意……

> 在田纳西河流域，不问政治的计划，是人民所赞成的。为使其服从参议院认可权的动议，工程师、建筑师、会计师以及其他与 TVA 建立了联系的人，遭受了人民的剧烈反对……

> 在田纳西河全流域中，我没有听过任何人对于这种提议说过一句赞成参议院认可权的话。但在另一方面，我却接到了不计其数的信函，都是反对这种提议的。这已经显示一个趋势，TVA 在走向政治组织。

政治，在它对于技术的关系上，还没有什么明白的结论。但是，它可以从 TVA 这 10 年来成功的历程中描绘出来。想要使 TVA 脱离政治这一政策，永远是国会权力之内的事情。被参议员班克黑德所非难的那个法案，事实上已于 1943 年 6 月经参议院通过。而在我执笔此书时，这个法案正在等候众议院的一个委员会来决定它的命运。这个问题，即使对于 TVA，也永远不能认为就这样"解决"了。

对于政治与技术难以分清以及相互间的对立，仅有管理人对人民所负的责任还不够，唯有公众的了解才是最有效的唯一的保证。TVA 以往的政策、技术和经营活动，是否可以适用于别的公共事业及场合，关于这个问题，理论上的探讨是无法决定的，一定要不断地以智慧来正确处理具体事实。让公众了解并更新想法，否则对于错误的做法，公众要付出更高的代价。

这并不是抽象的"政治科学"的问题。在不久的将来，美国将面临一些重要的问题，包括这些问题——例如，关于国有航空企业、铝制品、橡胶、化学、钢铁等工厂，造船厂及其他等等——投资总数在几十亿美元。是不是很多技术问题要用政治来决定呢？另一方面，专家和实业经理人是不是由于被称为"技术"专家或"经济"学家，而把真正的政策问题掩饰起来，自己来决定政治问题呢？处理这些问题，是不是能够采取一种由政治、经营和技术判断的方式，进行公开辩论呢？TVA 在这一类事情上的经验，其实践的意义是不小的。

我已经表示过，TVA 全体职员、雇员的委派，都是由董事会负责的。国会有一个临时规定，对于这些人员的委派，要避免政治方面的考量。原文是这样的："所有此等委任及升迁，不准以政治鉴别或政治条件为考虑的标准，而应当一概以特长及效率为基础。"违反这种规定的，董事会则由总统下令予以免职处分，职员雇员则由 TVA 委员会下令免职。在此种委任之下，全盘人事选择制度已完全确立，而此种行动所根据的方法，曾经为公私企业的管理界交口称赞。因为 TVA 的实际情形和特殊需要下的这种人事制度，能够应付因战时需要而来的突然而巨大的扩张。由于对电力和军火的紧急需要，TVA 的人员总量由此增加了。从 1940 年的约 1.4 万增至 1942 年的 4 万。1942 年 1 月 30 日，国会发布了一个筹建水库的紧急命令，四天以后，人事部已经有 1800 人来承担工作。此类人事选择工作，都是在推荐制度和文职部门以外进行的。

最初，某些国会议员们要求我们对于委任时不顾及政治这种显明的规定置之不理，或者是设法规避。但是，到了政令彰明的时候，我们有意来共同坚持这规定，毫无例外的，当初那些性急难耐减少了。试行了一两年以后，这政策已为大家所承认，为一般人所接受。许多议员也表示赞成这一政策了。

肯塔基州参议员巴克利最近在参议院中所说的，应是许多立法者经验与态度的代表。他说：

> 议长先生，由于 TVA 的缘故，我有一种不同的意见和不耐心的情绪，这完全出于自然和人情的反应。当吉勃斯维尔水库（即现在著名的肯塔基水库）被批准开始修建的时候，失业正在流行，并且延及于我们全州和田纳西河流域。这水库与我相距不及 23 英里，许多人来找我，以为我能够在 TVA 给他找到工作。我向他们说明这种事实，就是我们当初制定这法律的时候为了使 TVA 脱离政治在法律中规定，TVA 雇用任何人都不能考量他的政治条件。
>
> TVA 是如此热诚地要听命于国会的训示，并且小心翼翼来遵守这法律。因之，无论参议员或是众议员，写了介绍信来，对于寻找工作的人，还不如不写为好。TVA 不希望人民抱有这样一种观念，以为任何人来到这儿得到工作，都是因为有议员的介绍……我所以发此议论，因为 TVA 已

经离开了政治考量。对于任何人的任用，都无须顾及政治上的后果，不管他是民主党的、共和党的，抑或是任何其他党的。

因此，参议员开始对于改变这一做法的立法表示强烈的反对，他相信 TVA 会有政治因素混入。

假如不是因为有这种政策，聘请到高水准的技术专家和经理是不可能的。但是，依照被雇用者的特长作为任用和升迁的标准，还不算最为重要的办法。被雇用者因为要尽责于他的政治立场，所以不能够完全尽责于他的特长和这事业的公共目标。于是，所有企业将被那一半技术一半政治的意见所影响。由此 TVA 就失掉了立足的基础。纯洁无疵的公众的信仰，很快也将逐渐消失。政治一旦完全混入了基于专业技术的企业大厦，企业的根基就岌岌可危了。

现在，自然有各种的"政治"。管理者与技术专家，他们也没法真正摒绝政治而沉浸在自己的小天地中。

对于那些在政治上玩弄个人小心眼的，国会一贯的做法是持着"比他们纯洁"的态度。几年以前，我已警觉此种表里不一的态度。当时我读过一篇反对政治推荐制度的署名论文，词句非常正直。1933 年时，这位作者在政府中曾位居显要位置。TVA 成立之初，这位"斗士"要求我们董事会让他的一位亲戚在局中占一席职位。一位衣冠楚楚的青年来送信，我们答复说：请这位亲戚填写表格，与其他申请者一起参加评审。这位青年原不想接受这种答复，他说有人告诉他，这种考试规矩是不能适用于有社会地位的人的。这些人早已失掉了公职，但在此以前，他们做了不止一点玷污所有公务管理者名誉的事。

荐引亲戚朋友，乃是个人政治的一个表现。TVA 首要的行动之一，就是要反对此种裙带关系而建立起来强硬的政策。来到政府担任战时生产工作技术工作的某些实业家，对于总统或国会受党派的攻击，并没有不适的感觉。他们甚至利用在政府中的职位来延长政治生命。这些人对于他们所带来对公共事务技术专家信赖的伤害，一定还没有理解。政治是多种多样的，管理者与专家们必须避免这种政治的危害性。

国会自己有个决定，要把这种政治风气从 TVA 的技术部门中排除出去。反过来，使 TVA 远离政治事务，也是作为管理者的我们的责任。因此，TVA 在 1936 年正式通过了一个政策，禁止 TVA 的任何人员参加政治活动，即使是关于地方自治事情也不许参与。凡是 TVA 的人员，没有一个可以充当任何公职候补人——除了大选以外，不参与任何的选举运动。这是与哈奇法案[①]以前的若干年中，限制联邦所有雇员参加政治活动是一样的，只是范围没有那么广泛。TVA 的这种政策，使居住在田纳西流域的千万公民不得参与乡政府事务，这种严格的禁止，可以说过于极端了。然而总的来说，这种严格限制使他们免于走入危险的方向，我们以为是对的。

TVA，假如它的经营是政治化的，可能成为这流域的灾祸。

---

① 哈奇法案在美国历史上有划时代的意义。威廉·哈奇（William Hatch，1838—1896）是国会议员，由于他所领导的农业问题研究的成功，1887 年在议会通过了他的法案，即"哈奇法案"（Hatch Act）。法案创设了联邦农科大学，随之 1889 年农业部才在政府中取得了地位，并创设牲畜局。——译者注

如果在执行工作当中，政治侵入 TVA 的人事权衡里，或者染指于款项的管理，那将意味着，TVA 架设起来的千万英里的传导电线，并不是为了经济上和工程上的需要，反而成为政治利用的基础了。

TVA 如果是在政治下经营的，则处理收购原材料及装备等事，可能不免有政治因素的影响，甚至于选择位置的建造水库时候，也要依政治原因而作决定。对于水流、地基，这一块地基与另一块地基费用的比较，以及工程方面的实际考量反而很少注意了。最近，TVA 受了很大的政治攻击，就是因一个水库的位置问题引起的。

1942 年春季，国会中有一件提案，主张改变 TVA 一直以来的管理方法，而使政治染指于 TVA 技术和业务。大家都明白，这种改变在 TVA 的历史上是空前的。地方的公共团体和全流域的各商会，在报纸上连篇累牍地刊登反对这改变的启事。各报馆也都一致写起了强硬反击的社论。甚至于一向为私人电业说话而又一直反对创设 TVA 的一个通行全国的杂志，也提出反对意见说："TVA 拥有受过训练的人才与合格的工程干部……TVA 应当脱离政治。"[1] 报纸上的广告、信件、社论，以及周末夜校和妇女俱乐部，所表达的意思，都是主张"TVA 离开政治"。于是上述提案也就没有通过。

确实说来，TVA 由实验中所直接影响的，都还使人满意。因而为着使此种开发工作抵于完成起见，应当保持没有政治干

---

① 见 1943 年 5 月 16 日出版的《电气世界》，第 56—57 页。——译者注

扰。现在对于政治家们来说，"最好的政治"就是使 TVA 脱离
政治。在开发流域的基本问题上，最有思想而又最为精明的领
导，乃是那一群较为年轻的政治领袖和选举出来的官吏们。他
们知道自己支持 TVA 不是为着得到职位和恩惠，他们对于这些
早已断了念头。假如 TVA 做出了一件好事，使全国全流域都交
口称赞职位上的人称职，那就已经构成了政治上的回报。赞成
TVA 脱离政治的政策，是流域中候选人的一份政治资本，同时
也是许多具有"现实"观念的人所赞叹不已的。这就是说，
"没有什么政治是好的政治"。只要这些被选举的官吏们，他
们所代表着的人民对于 TVA 的观念和其技术、经营及手艺，
还有一天信赖的时候，则 TVA 就不会出现多大的政治危机。
一旦到了此种信仰消失的时候，则政治决定与政治方法的侵入
就不远了。

　　但是，除非他们对于事业的成绩绝对负责，否则执行国会
所做的政治决议，授予 TVA 管理者以如此宽泛的独立行动权力，
并不是安全和聪明的办法（我觉得，TVA 的经理和专家们一般
都是可用的）。还有，在执行国会所作决定时，TVA 有避免干涉
的自由，这就必不可免地需要这政策本身常常是在掌握之中，
而且由国会视为政治工具常常加以检查。当经理和技术专家在
政府或实业界，被允许运用自己的权能与专业知识而又不负责
任的时候，则民主政治的基础会立刻受到威胁。

　　责任，从全部的成绩报告开始。TVA 每年发布几次报告与
公文，它们广泛地流传着。每年呈送给国会一次的 TVA 活动的
定期报告，内容非常详细。有关个别事情的报告，是随时都有

的。财政报告是综合的，包括最进步的业务方法：细目分明的单位成本计算；关于财政的月份和年度的说明书，包括结算表和收入账；贷借对照表——由国家审计局和一家有代表性的商店会计附加稽核考语。每年另要作详细的会计报告，经由预算局转呈参众两院的拨款委员会和总统。此类报告就是国会中关于 TVA 问题辩论的对象，也是报纸与刊物写文章的题材。

公共的或者私人的企业中，很少有受到强力而长期的公共检查的，也很少有关于它们更详细的报告。所以，国会于 1938 年组织一个联合调查委员会，附设一个相当规模的技术部，用一年的工夫来调查 TVA。关于这次调查的报告，会议记录和工程方面的分析，总共印了 7500 页。

TVA 的全部纲领，关于法令方面的增删和拨款，国会可以时时加以检查。检查之后的报告和辩论中，关于管理方面的效率，国会也可随时调查，并把新的政策追加到 TVA 的基本规约里，然后予以批准。举例说，1938 年 TVA 为购买田纳西电力公司的产业而订立的契约，就是由国会检查的。写入这个冗长的契约中的每一个问题，都由我与电力公司的代表威尔基（Wendell Willkie）先生经过几年的磋商，再经过公开地检查、辩论，最后才批准。国会检查其政策的另一个例子，就是 1940 年法律上变更关于 TVA 纳税的规定。国会中的报告和辩论形成了对于基本政策的重新评价，对于 TVA 会计职务上的每一个项目，也都进行了一次清算。

这样那样的例子证明，对这一个公共企业的掌握，完全可以达到严格负责的境地，而无须借助于通过议会来作的细节上的政治考量。但是，建立起对人民最有效的负责制，很少有一成不变的方法。植根于基层民主的方法，是寄托人民需要和希望的最确凿的保证，也是公共责任最生动的形式。当经理和专家们接近人民及其问题的时候，并不常采取国会听证的方式去决定这个纲领的执行是否成功或者必须加以调整；干部们是否生气勃勃地去把握机会，抑或是骄傲自大、只顾自己。

分权制度是一面镜子，人们可以从中看到一个大的目标，做得好或者不好。因为这是一个区域的管理处，工作与工作的决定都在这流域中。TVA 不能逃避其错误，也不能不负责任地脱离日常生活。成功的到来，只有经由专业的领导才能实现，在这种领导之下，人们不是处在一种遥远的神秘莫测的氛围中，而是出接近而熟悉，处于一种透露真情的日常之光亮中，并且拥有信心。在基层民主中，生长出来一种新的责任制度，这远比国会中的批评、检查和报告，都更有意义。这是参加工作的人们之间每天应尽的责任。

实业界和政府企业的经理与专家们，由于他们的技巧，被授予这样大的权力，变成了新的统治阶级，他们是否会为自己的利益剥削全社会呢？詹姆斯·伯纳姆（James Burnham）教授在他所写的《管理革命论》一书中，曾广泛地讨论过这个问题。他说："社会集团或经理阶级，追逐着社会优势、势力、特权以及统治阶级的地位"，① 这已经出现在德国和俄国了。这位教授又说，因此在发展的路子上，美国也是在所难免的。他又说，

---

① 原书系 1941 年纽约 John Day 公司出版。——译者注

我们这些"新主人翁"的功能，现在就是由这些企业的执行人在"管理革命"的第一阶段来执行。他指出，汽车总公司和TVA就是例子。

在过去，与此同样的预言曾经出现过。这些预言用那些从没有民主经验与民主人才的国家，取来相似的例证作为论据。但是，赋予伯纳姆教授再次陈述的论点以重要性的是，很多人已经极其认真地占据了经营与技术职位了。经理统治的观念，不能被轻轻抹掉。这样一个讽刺的论题，它的影响对于自满的、幼稚的和性急的人来说，不能说无关宏旨。我相信，TVA的方法显然是打算提高经营的责任，因为权力的分散，恰巧是反作用的，而对"经理革命"且正好是一个有效的消毒剂。

"政治"和国会那种持续增长的、藐视一切的态度，对民主政治，比对那些以经理和技术为统治中坚的梦想，更有危险，虽然后者对于民主政治也并非没有关系。对于对民主政治抱着失败主义态度和普遍的反动力量来说，这一点也不奇怪。但是在进步的人士中间，去发现这种政治上的不满，真是一个危险的信号。我听到，最近政府和实业界的行政大员或技术专家们，强烈表达对政治及国会的厌恶与不耐烦。他们迫切地要求，赶快完成紧急的战争工作。但是，这工作被他们所说的"政治压迫"即连续不断的国会委员会的报告，以及屡开不完的立法委员会议所耽误以致阻碍。这种情形，对于工作甚多和有良心的人来说自然是难以忍受的。并且，对在这一章里所努力描画的政治政策的制定和这一政策的执行与管理，我有充分的理由说，它们全都遭受了挫折。然而，进步人士尤其是身居管理或技术职位的人们，都负有重大的责任要一丝不苟地认真地承认，政治是掌握基本政策的。我们首先必须知道，假如政治制度变得不足信任，那就是民主政治的敌人获得重大胜利了。

第十八章　计划与设计者

TVA 就是这个区域的设计机构，但是在组织一览表上，我们看不到社会计划的那一部分。当我要一份 TVA 计划的时候，也没有人能够拿得出来。在对于 TVA 怀着友好的、热心的研究家那里，我们也多次地听到过这种批评。

TVA 拿不出来计划，是因为我们没有预备这种文件。单独的部门也没有人绞尽脑汁，做出个计划来。大约看到这本书以后，人们就更清楚，这也并不是我们的"计划"。

TVA 是美国最早的一个设计机构。在这流域中发生的巨大变革，正是现代民主计划证据确凿的例子。这是国会明明白白表达的希望，我们也就是根据它的授权而行事的。但是这几年，在 TVA 内外，我们在"计划"与"设计"这两个术语的使用上一直十分谨慎，所以在本章之前，我们一直没有用过。因为"设计"这一术语在如此多的意义上被使用，以至于使术语失掉效用，甚至于成为某些困惑的根源了。

但是，使用设计的术语和设计者所用的词意去解释本书的观点，是必需的。这是因为，设计这观念，在今天是被广泛讨论着的。"设计"一词的若干含义，已经被人删减，现在提到这词仅仅是指一般的远见，所以这词的使用，已经失掉了原来泛指的意义。其他人走入了别的极端：他们证实"设计"这词仍是可用的，或者轻率地宣告它是不适用的。因为这词对于他们，乃意味着完全重新组织我们的社会制度，使之成为一个包罗万象的国家社会主义以及类似的制度。有些眼光敏锐、前途远大的实业家主张为战后广泛地"设计"，他们以为这样做可以保证"自由企业"或"民主资本主义"的前途。这也还是一种词语的松弛笔法，同样模糊了"设计"本身的意义。

关于"设计"一词的讨论，暂且止于此处。但是，因为它是指着所有的事情所有的人，所以我在没有详细解释它以前，暂且避免使用它。在这流域之内，"设计"对于我们是什么意思，我在使用这词的时候心里已经想到。我们在这流域中所实行的"一致开发"的观念，其实就是"设计"一词的同义语。

在美国，我们是常常做计划的。我们的问题并不是我们是否应当做计划，而是我们应当做哪一类计划，要什么样的设计人，用什么方法来推行计划。关于在田纳西流域都已做了什么这些问题，我已经说过，大放光明的还是实际经验。

经济的和社会的计划在美国不但一点不新奇，并且和这个共和国的历史一样悠久。一般说来，过去美国的计划都是由两个大集团做出的：第一，被选的官吏们，所谓"政论家"、"政治家"；第二，实业家们，所谓"建设工作者"和资源"开发者"。

我们来看一看，代表着执行者的经济利益和社会观的几个设计方面的例子，例如土地计划。根据 1763 年的英国皇家宣言，殖民地的人民不准自由出入西部土地。后来，根据 1787 年的条例，政治家们对于土地计划另有一种认识：就是对殖民者开放西部的土地。当时人民的社会与经济观念，是主张土地计划的，因为那样能够刺激和鼓舞对西部的殖民。

关于被选官吏的公共事业计划，我们或可再举实业计划为例。美国制造业在初期，有一个刺激工业的计划。当时有些社会人士，如汉密尔顿、韦伯斯特以及以他们为代表那部分人，都希望能得到一种特定的结果：建立东北几州的制造业。他们在国内市场的"保护"之下，设计关于东北几州的工业前途，而他们所用以实行这一计划的有效方法就是关税保护。

1882 年的宅地法、所得税修正案、谢尔曼反托拉斯法、农业会员法等等，所有经由我们的政治团体所制定的公共计划，由国会、州议会和地方条例所通过的规章法令，人们可以接二连三地这样引述下去。

被选的代表们对于此类计划所做的一件有特色的事情，就是他们在订立计划的会议中，并不会罗致那些受过技术训练的人们如科学家、经济学家、工程师和管理家们，以致多少有价值的助手都失之交臂。

这些早期的计划者们，都怎样从事工作呢？这些计划在公共利益方面，是不是照顾周详呢？这里可以确定的是：他们的计划不是没有效果的，不是仅仅为敷衍门面写出来的报告与推荐书。他们是把这些计划实行了的，而且在这 150 年来，从这些行动之中已经创造出一个前所未有过的最大的农业和工业的国家了。

我们明白，过去的这些设计者所做成的公共计划，其中也有一些直至今天还让我们承担着由其而来的恶果。我们国家的自然资源处于危急状态。有些公共事业计划，比如我们今天还在施行的宅地法，既浪费，又眼光短浅。为着我们年复一年的特殊需要，我们现在明白，这些零零碎碎的计划是极不聪明的。洪水的灾害，砍伐已尽的森林，地力枯竭的土壤，这些都是我们所付出的代价的一部分。要求修改这些计划的呼声，从罗斯福总统关于创设 TVA 问题咨文于国会开始，回溯至 1909 年西奥多·罗斯福总统的保护委员会提出建议，中间已经有一个世纪的时光了。那建议说：

> 为改进水路系统，应当采行大的计划，从管制中获取利益，把关于利用水的所有事项统统包括在内，其中包括：澄清河流与根绝水灾，以利航行；扩充灌溉区域；开发及运用电力；土壤冲毁之预防；河流澄清之工作；沼泽及泛滥地带进行排水及利用的工作。

关于使美国得以把握战后阶段的时机的实业计划的讨论，主要在我们私营企业中的某些能干人物所领导的刊物上进行。至于公职人员做设计的情形，我们应当记得，实业家一旦成为了设计者，他们是不会冒险进入崭新和陌生的领域的。而做长期的计划是先进企业中常见的，甚至已成惯例。这里有一个最好的例子，就是美国电报电话公司。这个巨大的通讯企业在对将来做持续不断的广泛研究时，曾花费了大量的款项，并根据此种研究，展开了 5 年、10 年的计划，甚至于提前更长时期的计划。这些计划都是关于新的建设、交换消息方法的改良，以及增加设备等等。在其他的企业中，早已有了具体的组织，从事拟订更为经济的计划。关于市场、金融趋势、技术上的变迁，所有可能影响一个巨大企业之活动前途的复杂因素，无不在研究之列。

由实业家做计划，在私营企业时常被认为是必需的。人们大概都可以理解，这一目标直接而单纯，目的就是获得利润。一个计划做成报告形式会让人印象深刻。但是，从公司的财务报告上来分析，如果这是一项不能起作用的计划，其实还是一个失败的计划。这是显而易见的事实。实业设计者很少感觉到，需要把他的问题考虑得更复杂一点——在他的计划中，创造利润的决定对社会全体是有利的，还是有害的。并且，我已经说过，一个单一的实业或者甚至于全部工业，往往是不能够决定这种问题的。

这种情形，被实业家认为是设计上的严重缺点。这是因为，他认为的正当合理的目标，乃是实业的利益，不必是适合于社会的目标。那就是说，不必非适合于人民的繁荣与幸福。美国电话电报公司和小制造业者的计划，从其本身来看都是很有效率的。但是影响电话电报公司和小制造业者计划的因素，远不止他们的业务本身。许多外在因素，实业家并没有实际有效的控制方法。这一实业以及流域中千万家的实验企业，其私人计划因此而遭遇困境，即使从个别的企业的角度来看，一时还是可靠的，但对于许多其他企业来说却为害甚大，因而对公共福利也造成巨大的伤害。

资源一致开发的观念，乃是基于顾及个人利益的民主计划的，私营企业的利益可以由此逐渐和我们全体的利益融成一体，这才是全体国民的利益。总体看来，田纳西河流域的事情，只有这样才能完美解决。私营企业经营的农业收入增加了，这大都是由于得到改良土壤计划的帮助的结果。私人经营的肥料公司的销售速度增加之快，在它的历史上是空前的。这是由于 TVA 对新肥料的实验与生产，是为促进土地上全体公众利益的结果。提倡森林防火教育与科学的砍伐方法，促进了森林保护，同时还帮助了私人经营的木材业。乡村计划使每个人都觉得村镇是快乐而可爱的，同时又提高了私人业主的土地价值。我所说过的种种结果，都是一般的公共利益，同时也都促进了企业的特殊利益。

一个成功的设计者必须了解而且信赖着人民；一个成功的设计专家是时时刻刻把大众放在心上的。设计者，不管他是技术的抑或是管理的，都必须承认，他并不是在处理哲学上的抽象问题，也不仅仅是处理统计上或工程上的材料或者是法律方面的原则，而且此种计划，其目的又不止于计划之本身。

在以上的分析中，我所说的民主的设计，那是指着全民的事情。因此，所有的计划，除非显示出对于人类——男人，女人——的愿望有充分的了解并予以确认，否则是要失败的。对于人类既没有了解又缺乏感情的人，就没法走向现实中计划的目标。瑟曼·阿诺尔德（Thurman Arnold）在《政府的象征》中，对于这种有热情而不现实的人物，有很恰当的描写：

> 他们总是与那稍纵即逝的使用权力的机会失之交臂。

因为他们总是沉湎于理想的社会，对于眼前的现实社会反而不能了解，不能巧妙地处理。他们不断地做那种徒劳无益的呼喊，多年以来所反复申言的是：

我们教育人民吧，这样他们就能够理解而敬重我们了。①

一个有道德的其实也是宗教的目标，深刻而又基础稳固的、巨大的计划，那正是民主政治对于国内以独裁者自居的人，同样也是对国外反民主的人的回答。在对资源一致的开发上，有这样一个巨大的计划：人与自然的统一。我们就是在这样的一种计划之下，在这流域中迈步前进。其实，这还只是一种、一个时期内的步骤。但是，我们所担负的责任，并不仅是每天出现的星星点点的进步，而是广大的、惠及所有民众的、我们全体工作者的总目标——所有人类的物质幸福，和他们培养精神力量的机会。

这就是生动的民主计划的原则——全体人民对于一般的道德目标的觉醒。可以说，这并不是一个目标，而是一个指针；并不是一个一劳永逸的计划，而是由人民有意识地选择了的一种成功的计划。民主主义者惠特曼说过这样一句警语："拟定了的目标，是不能撤销的。"

这样对于计划的认识，是我所确信的。假如这计划的概念是正确的，那在民主政治上就是平坦易行的。我们必得常常把计划安放在"此时此地"，安放在"事物之本来"的基础上。

---

① 见 1935 年耶鲁大学书局出版的《新天国》，第 21—22 页。——译者注

为改善人类命运所进行的争取自由的奋斗，不知流尽了多少人的鲜血，但因为没有理解这样简单而又如此重要的人类战略问题以至于遭受失败，捐弃理想，这是多么令人伤心的事情！人们往往企图逃避那长期的教育工作，逃避那枯燥无味的"每天都要做"的事情。这是为一种计划所迫，这种计划每每以法律的形式出现。而人民对于出此计划的理由是否已经了解，以及由此所得的利益如何，他们一向未曾考虑周全。

不愿从自身所在之处出发可算作一种历史性的谬误，今天，在世界任何一个地方的设计工作，假如出现了重大的错误，则别的地方也将坠入同样的陷阱之中。过去这个问题的教训，我是清清楚楚的，人性证明得真真确确。若是一再提这一个问题，不免令人讨厌。设计的时候，一定要把人民的利益算在里面，并且要将他们的既存制度纳入这一计划。人民的自我教育比详细的计划和实质的改革，都更为重要。

TVA 一向未曾遇到过这样草率的行动，即"清除"或者强制革除流域生活中的一些因素或习俗、制度。这是因为大家都有同样的信念，认为那样做是站在一致开发计划的对立面。

从现时的基础上，我们按部就班地前进。人们都晓得有这样一个故事；一个走路的人向某君问路，往琼斯维尔村①从哪儿走呢？某君想了半天，又用很长的时间来指点他，然后说："朋友，假如我是你，我就不从此地出发了。"有些设计的情形，正如这段奇闻所说的一样，它不从此地出发，它"放弃义务"，所

---

① 密歇根州的希尔斯德尔县境。——译者注

以它永远不能生存。

　　TVA 的设计的观念，并不是把行动和计划视为个别独立的事物，而是把它当作一体的发展的过程。1933 年，总统致国会的咨文特别申明了这一点。该文说："关于田纳西河流域及其附近地带的自然资源之开发，以增进国家之经济的及社会的一般福利，应当赋予 TVA 以广大的设计责任。"接着又说："应当授予 TVA 以执行这些计划的必要的权力。"于是这原则，被加进TVA 的法案中了。

　　这是基本的原则，然而许多对于 TVA 的不满，从外部高涨起来了，就像 TVA 成立初年的情形一样。有些人认为，设计与执行之间很少甚至于没有关系，他们主张把设计与执行的责任分开。这种观念可以类推至一所住宅、一个办公用房和任何一个建筑物。然而，这种类推是错误的。这是因为，一个区域的开发是一个行动的过程，它的起点与终点并不是任意决定的。组成区域开发的，是每天在特定田间的耕耘工作，从特定地带收集木材，建筑工厂、教室、房屋和公路的每个行为。TVA 的目的不在于制定计划，而在于这一流域的开发。

　　自然，许多计划是需要做的。但是计划与行动是一个责任中的两个部分。TVA 不仅负责计划，而且还负责其执行的结果。这些结果，主要是依靠人民的参加。人民的参加，大都以自愿为基础。用这种方式完成一件工作是一项独特的任务，这就需要新计划与新方法的发明。假如本着这个意思，TVA 有一个"设计机构"，依照一般对这术语的解释，其责任限定于制作计划，则此等计划将不免与其他的许多计划遭受同样的命运：如同索然无味的书目提要一类的册籍装饰着书橱，如此而已。

托马斯·曼在他所写的《即将到来的民主的胜利》一书中，指出了唯知论者把设计与行动分开的见解之极端荒谬。他的话真是令人感动，因为他详尽地道出了隐藏于欧洲文化灾害之下的原因：

> 民主是一种思想，但这是关于生活和行动的思想。……在民主世纪以前的知识，还没有行动的思想。即使他的思想见诸行动了，他的这一思想会产生何种的行动，他也没有想到。没有民主的，或者没有民主教育的国家，其特点就是：他们的思想，没有现实的根据，只是抽象的空想，意识完全与自己的生活分离。思想之现实的结果，一点也没有被考虑到。[1]

在 TVA，设计与责任消融于这些计划的执行里，迫使我们的技术专家不得不把生命气息表现于这些计划中，使之成为在这区域或乡村生活主流的一部分。因为在田纳西河流域，专家们不能避开他所设计的后果，虽然他们能够而且时常把设计与执行分开。这于专家们本身是有重大影响的。只要是这样来想象设计，专家们应当与对于自己所处理的问题，发生密切关联。

我以为，设计的观念在美国，仍然是为着争取广大的支持者而努力的。这是因为，多数时候设计出来的一些冠冕堂皇的计划，设计者都不会承担其执行的责任。他们不会像我们这流域中的专家们那样经过那些有益的训练。于是，他们要问问自

---

[1]　见 1939 年纽约阿弗利德·诺甫公司出版，原著第 28 页。——译者注

己："这个计划，我能够负责执行吗？人民是否了解这计划，是否能够助其实现？他们是否要自己做计划呢？"

在 TVA 的工作中，我们用心实行的是将我们认为是对于民主政治中的自由问题最为虔诚的一种言词付诸实践，这些言词就是约翰·杜威所说的：

> 我们的历史所留给我们的，关于民主政治的斗争，还是系于我们自己的习惯和态度。只有扩大民主方法的适用范围，才能够获致胜利。那方法就是：商议、说服、谈判、交换意见、沟通合作；组织自己的政治、实业、教育、一般的文化，出现一个民主思想的进一步的表示，一个民主思想的信徒……

> ……美国的民主政治，只有从他自己生活行为的实验中，从多数的、局部的和实验方法的实际效果中，获得并保证人性力量之继续解放。共同合作，以服役于自由，而这种合作又是自告奋勇的。如此，方能有贡献于世界。①

在这流域中所实施的经济和社会计划都是什么呢？在建造水库和其他建筑物时，即便这地产是私人的或者是铁路用地，TVA 自然有权按照政府规定的价格，把它收购过来。然而除此之外，TVA 所设计的关于这一区域的开发，就没有别的重大事项可以用法律强制的了，而且我们并没有发现有什么困难的地方。

---

① 见 1939 年纽约普特曼公司出版的《自由与文化》，第 175—176 页。——译者注

这并不是说，我会刚愎自用地认为，从来没有使用过调整的方法，或者出现错误浪费，也没有自行其是地把正确的设计弃为无用。假如人民有这样的决定，是要劝他另做别的决定的。会有人向我们不断地指出，教育和自发行动都太过迟缓，而只有借着法律的力量，才能应付不断出现的危机。我们的批评家认为：通过我们的方法，很多方面甚至并没有得到进步。他指出，很多农民仍然继续不断地在山地上耕耘，大多是种植棉花与五谷，毁坏的田地一天天地增多；农民拒绝森林专家的劝告，这将使木材出产的利益蒙受损失；制造工厂仍然以其排出的污水污染了河水，而终止此种污染所使用的技术方法却很少奏效。我们很清楚，不止一次了，设计对于工业问题并无激励作用。

这种推行计划的力量的缺乏，已经扰乱了许多观察家和企业研究家，尤其在最初几年，使很多人陷于迷茫无知，甚至使他们勃然大怒。然而我们曾经是继续地信赖我在此书所讲的全部方法，缔结契约的方法——说服、激发、奖励。这些方法都基于人民对 TVA 的信任，以及技术领导的成功。我强烈地感觉到，大家所承认的自愿方法是有限度的，其结果有时是悲惨的。在执行开发资源的计划中，并没有把最小限度的强制也完全取消。因为强制是没有止境的，一旦强迫的方法被人当作执行计划的手段，那就需要更多的强制。虽然任何自动方法的昂贵代价，都会处在迟延与错误中，但到头来实行强力设计的代价，并不亚于我们自由的代价，我深切地相信这一点。

第十九章　TVA 与世界重建

近年来参观 TVA 的有 110 多万人，几乎世界上每一个国家的代表都有。二战开始以后，来此参观的外国人显然更多了。他们都是顺次而来：一位即将回到重庆的中国将军，带着臂章与佩剑；一位从新德里来的农业大臣；英国驻美大使；瑞典新闻记者团，特别要考察现代的新式发电厂的构造；一位巴西科学家；一位澳大利亚的著名政治家；一位捷克的电学专家，数百人来自非常遥远的国家。

TVA 又是一个外国专家的训练场所。这里有来自南美 12 个国家的工程师、农业专家共 40 多人；从中国来的与从南美来的数目相仿，特别地诚挚而热烈。在一个根据租借法案而设立的水力发电厂中，一批俄国工程师和 TVA 的技术专家在一起共同工作。这工厂将于 1944 年在"离乌拉尔不远的某处"河流开始发电。

源源不断的"访问"人流中，最近来的外国参观者还有：墨西哥的米格尔·阿莱曼总统、荷兰的茱莉亚娜女王与伯恩哈德亲王、以色列的戴维·本-古里安总理、比利时的约瑟夫·波利安首相、智利的加布里埃尔·冈萨雷斯·维德拉总统、西德副总理弗朗茨·布吕歇尔博士、印度的尼赫鲁总理、巴西阿拉戈阿斯州主席恩里科·加斯帕尔·杜特拉和州长阿隆·德·梅洛。此外，还有受人尊敬的英国国务大臣赫克托·麦克尼尔、巴基斯坦卡拉特的统治者卡拉特汗、比利时摄政者查尔斯亲王、埃及公共建设工程部部长阿比德尔·梅古伊德·帕沙·萨勒、也门的赛义夫·阿尔-伊斯兰·阿卜杜拉·哈米杜丁亲王，以及希腊的电力负责人乔治·佩佐波洛斯等。

从许多国家寄来的信函中反映出，这种利益是举世相同的。来信提出许多问题，要求各种材料，所提出的关于 TVA 怎样开展其业务的一些问题，都有力地反映了这一区域开发资源带来的利益。最近几个月的通信，多半是战后重建委员会的官吏、流亡政府的代表和西半球诸国的立法者寄来的。外国刊物与报纸的作家们描写 TVA，并说明他们所追求的，就是为那远方的，而且从前是很少闻名的区域——他们的家乡，所担负的责任。举例说，英国一个领导刊物《建筑评论》，1943 年 6 月发表了一篇很长的描写 TVA 以及对 TVA 意见的文章。作者是著名的科学家兼出版家朱利安·赫胥黎，他在结论中说：

> 最后，然而不是微不足道的是，TVA 的思想，如河流等自然资源之开发计划，已经融入了全世界普遍的思考之中。TVA 的理念与方法，都是为了帮助、指导诸如中东供给委员会这样的新机构的成长的。TVA 模式的一般组织情形，怎样能够使之适用于国际，而不使之成为一个闭关锁国的机构（从而，其中包括 TVA 削减并且超越了国家的事

权与限界）而发挥作用，使它适于促进比较落后的区域，如非洲那样的地方的计划开发，这些问题正处于研究之中。

外国来此参观的人们看得特别清楚，TVA 已经表明它是国际的，表明它是贴近人民生活的：土壤施肥、森林、电气、磷酸肥料、工厂、矿物、河流。当一个中国人或秘鲁人看见这一系列地工作着的水库，或是看见电力引入一个普通的农舍，再或看见因磷酸肥料而恢复了地力的田亩，那就用不到一位英文翻译他也可以懂得的。这是因为，他所看见的，实际上并不是在田纳西河上的一个诺里斯水库，也不是佐治亚的一个农庄，而是如同在中国、在秘鲁的一条河流，一道洼谷或者一个农庄。在此处所发生的变化，和全世界各处人们所追求的并没有两样。技术问题在根本上也还是一样的：处理被冲毁的土地工作，无论是沿着长江，或是沿着海沃西河；防治疟疾蚊虫，无论在缅甸，或是在密西西比河的某一县；电力生产，无论是在瑞士的诺尔兰，或是在北卡罗来纳的某一县，基本上都是相同的。

为人民所赞同并为人民所参与的 TVA 所展开的民主方法，同时也满足了一般人的广泛愿望。来到我们这里的参观者，曾经再三再四地作过这样的评论："我们对于 TVA 与人民共同工作的方法，比对于它的水库和实业开发更感兴趣。"对于这些外国的观光者，我们所申明的乃是：资源开发，不仅是应当为了流域内的人民，而且是应当由他们来进行的。这是因为，几乎每一个地方的人，他们都希望看见用他们自己的方法，为他们自己的国家创造出这些的变革。美国人应当记取这件重要事情，尤其是那些想要按照我们自己的模型改造全世界的人。

　　为把这教训留给破碎不堪的战后世界，使之借鉴于巨大的、具有历史价值的改造事业，TVA 开发资源的经验经过了切实的检讨。因为大家都已普遍承认，我们对于世界的将来无论是抱着和平的希望，或是相信新战争的爆发，关键还要依赖于各个国家鼓励资源开发这一工作的知识程度。这里所讲的自然还不是故事的全貌，政治制度上的种族对立和文化冲突的影响，还在继续着。但是，从根本说，世界的扰攘不宁，还要靠着我们每个人，也是每个国家处理实际生活的方式去改变的。

　　这个问题的枝节是牵涉极广的，逐一研究，实非此书范围所及。但是，显然的，人民所受的在资源适用上的压制，就是资源未能给他们以充分的供应，由此也促成了一种由来已久的武装侵略其他国家的精神。把这一部分人民的土地、森林与矿产，完全为另一部分的人民而开采，这曾经点燃了无数仇恨的火焰，近来更爆发为战争。这已是司空见惯的事情。以一致开发的方法，可以创造持续不断的生产力，避免资源很快被用尽。例如，由于技术进步，使低品位矿石和那不易得到的高品位矿石有相同的效用。再者，技术家的技巧使已经用尽地力的土地恢复并极大地提高生产能力，以改善由战争带来的贫穷荒凉的紧迫状态。于是就能以此为基础，慢慢建筑起现代世界的和平。田纳西流域的经验在这事情上是大放光彩了，这就是外国观光者的一个兴趣点——改造世界的方针。

　　在美国和其他国家，TVA 已被人认为是人类才能的象征。它所创造建树的，不是为战争和死亡，而是为和平与生命。在战后，它的意义是非常重大的。这是因为，在德日两国投降以后，我们自己队伍里的自暴自弃与犬儒主义，将成为我们不共戴天的死敌了。我们目前奋斗的目标，使我们紧张而不敢懈怠。一旦我们松弛了，那就不可避免地会面临失败，在信念上和希望上遭受惨重的损失。这在美国与海外不乏生动的例证。而TVA是其中一个创造人类的能力，每天为人民所渴望的、民主的、实验和实用的公司。

我在前一章关于"设计"的部分已经谈过，从现时所在的地方出发，以这一变化促进另一变化，这是很重要的。这些可特别应用于战后世界我们的经济和政治思想。然而，使人不禁愕然地是，对于把这道理适用于我们自己的事情上，人们颇能理解。但是，当他们考虑到世界的前途时，就会率性而为，丢掉经验和现实的准绳。假如他们设法要使这全流域样样都恰适合于TVA自己计划的模型时，他们很快就要加以非难了。然而他们似乎十分热心，甚至于狂妄地企图看到美国在不民主的基础上，建设起一种世界秩序。

为了一种持久和平，TVA还另有一种方法，可以让它的经验发出光辉来。因为TVA是一种实验，一个人可以很快明白这一真理：不管何时何地何种情形之下，一致开发资源，会帮助每个人。一个更兴隆的、更多生产的田纳西河流域，已经造福于全美国和其各个区域了。当世界上的任何区域加强它的生活基础的时候，这种情形便会继续下去。区域的经济开发，无论是在国内或国际，都不是可怕的而是值得鼓励的。

地球上比较发达区域的人民，曾因为另一地方的资源开发和较大的生产力而遭受损失，当他们解除了那种惧怕的心理而受益的时候，国家间的政治合作就要走上实现的途径了。由于那种畏惧的心理培养了极端的国家主义，造成人民间的仇恨、关税壁垒、贸易限制、独裁政治，最后结局就是战争。经济的萎缩不进，激起了这些深切的不安，增加了战争的可能。

我以为，世界和平大半要系于广大人民——特别是我们美国人对于经济学上的成功之重要原则的了解与实践。战后国与国之间的政治合作的主要机构将要被削弱，这些政治的安排，除非使之日益依靠于经济合作的效率，否则很有可能把应该造成的全盛时代打破。

田纳西河流域的经验，帮着美国的舆论界把这类事情弄得更清楚些，并因此在世界改造的工作上达到了十分有益的教育目的。在 TVA 成立之初，有一种自以为是的议论，认为这一流域的开发将危及于另一地方的人民——俄亥俄、康涅狄格和纽约。有这样一种传说，假使在亚拉巴马州再建筑一个工厂，那就要减少俄亥俄工厂的工人。再假如田纳西州出产更多的牛奶制品，那就意味着威斯康星牛奶业的一份损失。这种思想，在关于 TVA 的社论和讲演中，被郑重其事地提出来，他们所依据的推断是，一个市场的货物总量是固定的，而美国现在已经达到了生产和消费的最高水平。

这种荒诞不经的思想，直到在国内基层民主实践中才被理解。希望美国的舆论为着永久和平来支持全世界的经济合作，这在政治上，是一种天真质朴的思想。我们中间尚有很多人，主张在伦理的基础上采行此种政策，甚至伤及我们的经济时，他们还是同意这政策，这未免就离题太远了。

这些事情，可以从近在眼前的各种实验中得到充分的说明。那里是 TVA 的真实价值之所在。例如，俄亥俄、康涅狄格，或者纽约的许多人民，已经证明了田纳西河流域生产力的增加，并没有危及他们自己的生活标准，并不像许多人向他们说过的那样。在这流域中的几百万人民，能够生产出来一些东西，就可以更多购买一些如汽车、无线电收音机、冰箱、衣服之类来享受，从而也就创造了一个更为富裕的国家。自然俄亥俄、康涅狄格与纽约，都是富而且强的了。我所引证过的这一流域内的人民收入水平提高的数字，可以很容易地作为增加了生产的每一区域的说明。

10 年以前，田纳西河流域在全国电器工业市场上是"空白"的。最近几年，它变成了购买力提升特别快的全国的领头市场，这情形我以前已经说过。在纽约州的斯克内克塔迪的电力总公司的工厂中，或者在俄亥俄州的曼斯菲尔德的西屋公司，他们出产了千千万万的电炉、抽水机、冰箱。现在可以看到，一种于他们有利的事情出现了，就是这一流域的生产力已经富绰有余，人们能够买得起他们店里的货物了。这就是说，在斯克内克塔迪的人们，可以购买这流域所制造的外衣和铝制品，可以有余暇在 TVA 的湖上乐享假期了。

最初，人们对于 TVA 的煤业反对得很厉害，这种反对更加表明，固执于限制发展的政策是如何的错误。他们以为用河水开发电力，TVA 就要失掉它既有的、用以供给蒸汽发电的煤炭市场。实际上，水力的健全开发及一种可广泛增加其用途的利率政策，不可避免地刺激了别种资源的使用，如煤。流域内为工业使用的和为其他目的使用的煤业交易，曾涨至前所未有的高度。就是这一区域的蒸汽电力所用的煤，也超过它所有的记录。例如 TVA 电费的实例，在这广大的区域中电力的使用倍增，而煤炭又是电力的主要来源。自从这河流开发以来，为蒸汽机发电向来没有用过这样多的煤炭，TVA 自己已经建设并且使用了蒸汽电力厂，以补河水电力之不足。购煤数量每年都有增加：1940 年 57.4 万吨，1941 年 69.3 万吨，1942 年 131.9 万吨，主要都是供生产电力使用的。

有目标的作业一个连接一个，这就是我们学习的方法。说世界上另外地方的经济开发对于我们有危险，那是臆想。当美国人确知，经济开发帮助了俄亥俄的人民，而并没有伤害他们的时候，我们会看到若是墨西哥人、巴西人、俄国人以至于中国人，也同样地使用这种方法开发他们的资源，那么我们和他们相互间的贸易，也可以得到相同的结论。这种结论可以从当地人民直接得来。

在国内，在将狭隘的局部主义确认为自取失败的政策以前，希望美国人能够认清极端的国家主义对于世界的灾难，这是一种愚蠢的想法。当美国还允许内部存在殖民制度的时候，你却来要求结束远离美国的殖民制度，提出这制度危害国家利益的理由，这似乎并无意义。而殖民主义，或者开拓内地，其实质是将南方和西方的原料供给北方和东北的工业区。

一方面我们对于印度的自行开发表示热烈的关切，可是另一方面对于开发美国本身未开发区域的实业，非但没有开发的意愿，甚至于还持反对态度。在这种双重态度之下，美国关于世界合作的公共意见，就不会得到加强。由这种讽刺的现实，可以证实一个疑问，就是有些人对于远隔重洋的中国表示赞助，而对于近在眼前的佐治亚和阿肯色，却是搁置不顾。这其中有一个原因，是少数美国人经济和政治方面的既得利益发生了矛盾。

世界合作，不能够仅仅建立在精神的同情上面，也不能建立在逃避近在眼前的、艰苦的现实上面。我们自己的认识，可以充分证实我们对于全世界的目标，可以充分学习各国互相依存的伟大真理。在这种行动的而不仅仅是词句的真理的训导之下，TVA 扮演着有限度的、然而是有用的角色。

要使公众彻底了解这些事情，我们还有颇长的一段路程要走。最近在 1943 年春，一位全国的领袖人物，我们东部一个大州的州长提出警告，说南部和西部的工业成长，将对他那一州造成损害。认为此地较大的工业活动，意味着对他那一州的损害，这显然是一种假定。他的论点部分是起于 TVA 送呈国会的报告——在那些报告中，我们主张为了全国的利益，把这种区域的运费制度取消。那制度规定的南部和西部的运费，比工业的北部和东部的高很多。我们提议采行全国统一的运费价格，对任何区域都不区别对待。

在南方制造的货物比在俄亥俄以北制造的，每英里运费要高出 40%（铁路运费成本单位大致相同）。在南部和其余同居于不利地位的区域的制造业者，不免遭受重大的损失。南部的工业发展得如此困难而迟缓，没有引人注意的进步，以致被迫支付极其低廉的工资。并且，因为正是制造业给予技术工人以最高收入的机会，美国殖民区域的收入比北方工业区的收入更少。这是无可奈何的。因为制造业者处于这样不利的地位，南部与西部不得不采取等而下之的办法，使他们的土地肥沃性、木材、矿产及油类等天然资源几乎消耗殆尽因而承受着最大的损失。但在另一方面，那种自以为是的区域运费制度，却在原料运输上鼓励这种办法。

TVA 相信，把区域运费制度这种人为的障碍扫除了，可以使南部与西部增加他们原料制造的数量，于是区域运费这种内部的关税壁垒，就不再阻拦他们的制造品自由运向经济市场。人民的收入也能由此提高，因为低廉收入和对原料的依赖即是世界上殖民制度的标志。

TVA 曾经坚决主张，这种变革不应当是掠夺南部以填补贫乏的内地，而应当是双方利益均沾。并且，区域制度问题确实是重要的。而美国舆论的发展，是支持经济合作的。必须使美国人普遍了解，美国未开发区域生产的增加，对全国及其所有区域都是有利的。否则的话，若是还相信在世界事务上，以同样的原则能博得美国人有效和不断的普遍支持，那真是一种绝望的空想了。

我国政府和私人投资者要在怎样的限度和条件下，才能够资助世界其余地方资源开发的财政项目，并以此作为支持和平的一种手段呢？对于这一个问题的全部讨论，显然不属于本书的范围之内。我所要说明的就是：想到这个问题，不应当惧怕"给我们自己的实业家和农民制造竞争"。这种恐惧心理，在国际领域，不像在国内各区域中间那样强烈。例如，互通贸易这

件事，只有在贸易即生产物往返存在的地方，才有意义。只有
奖励那些生产少的区域和生产少的国家，才能够使之成为兴隆
强盛的区域和国家。

　　无论我们奖励与否，或者还怀着不分青红皂白、盲目的恐
惧心理，全世界的资源开发和工业化在战后也必将急速发展。
美国可以用几种办法加速这种一程，并影响其趋势。然而，若
是相信，我们对于其他大国关于开发他们的河流或者别的资源
的决定，拥有最大的否决权，那就毫无意义了。若是接受这样
一种肤浅之论，那就是对一向从我们眼前发生的主要事实熟视
无睹——全世界正凭借机器与科学，集中力量向着资源开发推
进着。

　　但是，这儿还摆着一些问题：这种开发，在国内与国外将
采取什么方针？是为谁的利益进行开发？除非人民认为是于自
己有利而要求进行的事情，否则任何人也不会把那儿的资源浪
费殆尽。古老的开发方法，似乎很少值得遵循了。

　　就是因为这种缘故，TVA 的经验应当为人所知。用之于这
一区域的开发方法和知识能使人民发表意见，并使他们要求自
己提出的问题得到回答。这些问题就是：经济开发是否要视为
一个整体？是否要把人类所依赖的资源当作造福于人类的手段？
每种资源的开发，其目的仅仅是为开发而开发吗？开发所得的
利益，被没有为道德要求所认可的事情而渐渐消耗尽了吗？资
源开发这件事，是否被当作仅仅是技术专家和实业家的物质世
界的作业？这件事，是否同样地被当作是一种民主的机会，其
要义即是让人民参加，接受人民所展示的好的观念，并给予他

们以希望呢?

这些新计划，是否要招来独裁政治，而被那远方的统治和极权的中央政权的方法所管理，或者以中央政策地方分权的管理为总的原则？这些开发，是以现代工具的使用与指导以保证其成功，还是以古代的传统躯壳和官僚保障的方法来管理呢？这些事情的决定，除非由那些自私自利的人作缺席裁判，否则就应当是人民所面对着的问题。在美国和其他国家，时间愈益迫近，行动就会代替战后的开发事业计划。

在开发了的和没有开发的区域，广泛运用公共公司作为实行战后开发的工具，这种办法已成为各方面讨论的焦点。在反对以传统的机构作为适应现代需要的工具这一点上，在其他各国引起的反应和美国大体是相同的。人们渐渐承认，人民自主的公司能够做出某些成就，而例行公事的政府机构就很难做到。同样地，其他国家要想保证政府采用任何别种途径以实行现代的管理方法，也几乎是不可能的。无论在英国、中国或澳洲，清除传统机构对这种方法的崇拜，显然都同样迫切。而公共公司似乎就是达到此种目的的方法之一。TVA 所采行的业务方法和管理计划，因此也成了外国观察家直接研究的重要题材了。

公共开发公司遵循 TVA 大的方针，可能成为 TVA 国际资源开发计划的媒介。这就是说，资源的开发不只是靠一个国家，多数国家资源开发中的管理与责任，必须在几个国家间，或其人民间有所划分。这件事情是经过详细考虑的，特别英国在讨论中欧例如多瑙河流域的开发问题时，提到了各式各样的开发公司。刘易斯·L. 洛温（Lewis L. Lorwin）先生写道："此种国际的公共公司，对于启发 20 世纪的国际经济活动上，一如它对于 19 世纪的私人公司，都被证明是一个很有效用的发明。"他在结论中提到，公共公司"在全国的水平，其经验的价值，在美国已经由田纳西河流域 TVA 的实验证明，在英国已经由英国广播公司证明……它在国际的领域……提供了一个在公共管理之下，通过拥有最大灵活性而受最少标准官僚法所限制的企业经营，达到社会目标的机会"。

但是，公共公司本身虽然可能是很有用处的，然而除非在一个自然区域之内，让其成为一致开发这种根本思想的工具，否则它跟 TVA 的思想就只不过是一种偶然的关系而已。

一条河流，无论它完全是在一个国家的领域之内，或者是流经几个国家，都不会影响到开发它的技术问题以及将其作为一个整体对待的必要性。河流是没有国籍的。例如，多瑙河忘却了国家间的仇恨，无视许多国境线的阻拦，由德国的黑林，穿过巴伐利亚、奥地利、匈牙利、南斯拉夫、保加利亚、罗马尼亚，蜿蜒而下，一直流到三个出口，注入黑海。它的名字，随着它流经国界的变迁，而有各种不同的声调。但是，这条河流本身，并不像它名字的变音，是很少为政治差别所影响的。这样的一条河流，它自己的天然条件是自成一个单位的。按照这种一致性，它的开发需要有一个国际机构。TVA 这种类型的机构，正好适应这种要求。

这倒是一些饶有趣味的理论。但是，可不能以此为论据推测得太多。在这种自然区域的人民中间有各种差异性，以往的散漫，种族的对立，风俗习惯和语言的障碍，都是人类事务的现实情形。此种情形，在河流或森林是没有的。一条河流上的人民所从事的共同的开发工作，就可以把旧有的那些紧张情绪给平息了。然而，在自然与人类的组织中间，通过任何过于简单的低估此种困难，那就相当悲惨了。

关于 TVA 的思想在世界经济发展中所占的地位，我还有最后一言。按着联合一致的原理，在美国资源开发可能预示着一个发展工业和农业的时期，可能意味着收入的增加，工作机会的增多以及受过训练的人才在新企业的冒险。相反，假如我们对于资源消耗的现象疏忽了或者置之不理，假如我们对于自然所给予我们的一切资源漫不经心地浪费使用，那就会增加资源"缩减"的危险，我们就要"罄其所有"，因此将制造出恐怖与不安。这种情形，增加了美国参与国际事务的政治困难，甚至于使之成为不可能。工人们没有工作，或者恐怕将来会没有工作；实业家为紧缩问题和一蹶不振的市场所围困；农人们焦虑着得不到收成保证；城市的居民是否还有钱买得起他们种植的谷物——这些都不像是要与其他国家合作的样子。

在世界事务中，美国的民意会支持什么，这可能要取决于国内的人民的主要情感是乐观的、善意的，还是疑虑的。当人们因忧虑贪婪的攫取而"自扫门前雪"，让世界自生自灭。这种逃避仅仅是一种幻想。但是，心怀恐惧的人，就会相信它。除了最训练有素的人以外，恐慌将把所有自然而热心的、与人共同工作的激情毁灭掉。一个蒸蒸日上的国家并不必然愿意分担世界的责任，但是可以断言，一个处于恐慌中的国家，是永远担负不起世界事务的重大职责的。

在田纳西河流域，这种开发工作已经创造了一种远大的精神，一种对于将来的信仰和希望的标志。在某种程度上美国战后资源开发可以用这种方法来刺激实业家、农民和工人的信心，由此得到的巨大的精神效果远超出经济范围。因此，这就可以证明，创造并激发美国公共舆论的热情，实在是世界和平希望所依赖的事情啊！

第二十章　TVA 在海外

在地球上万千流域之一的这条流域上，人们的物质基础已经改进了。变化是一天比一天明显。河流在生产，土地更加可靠而多产，森林已有出产，作坊变成了工厂，新式的房舍与电线，都各以不同的色彩面对着田纳西河流域。

这真正是实际上的进步吗？它把人类生活的本质增强了吗？当我们的物质环境有了这些变化，其结果是否让人类的生命更加充实而丰富、更有人性呢？我可以断言，对于大多数人来说，这回答显然是肯定的。然而，在评价这流域经验的意义上，有些疑问之处，既不可被忽视，也不能被随意处理。人民不能只是提出这些问题，而要以我们大多数人所能回答的问题的方式，分别回答它们。

有些人以为，物质生活的进步不能产生幸福，于是设法阻挠物质生活的进步。很多抱着这种信念的人，认为物质上的进步，技术、机器等绝不能改善人类的命运。他们实际上以为这是堕落的源泉，就是他们所说的"物质主义"。

本书的全部旨趣及其论题，是反对这些思想和这思想所依据的哲学。我自然不相信，当人们改变他们的物质环境时，他们就更加快乐或者更好些。机器使人免于苦役，但并没有由此而解放他的精神。技术使我们的生产增加，但并不一定使我们的生活丰富。工程师能给我们建筑大水库，但若要使这流域成为伟大的区域，只有赖于伟大的人民。技术并无善恶，人们必得自己在精神上求解放。

在这流域中，我们物质环境的这些改变，其自身并不能使我们更快活、更仁慈、更慷慨豁达。但是这不能解释为，这些事情与我们的精神生活没有关系。

我们有选择的可能，这是重要的事实。人们不是无能的，他们有力量使用机器，以增益于人类神圣的生存方式。确实，究竟是柔顺地接受上级的一道命令，或者是执行慈善的保育婴儿的事务，他们或许长时间没有能力来做出决定，以至于民主的选择力量已经萎缩。然而，这种力量永远是存在着的。历史表明，它们的复苏将是何等之快。我们将如何来运用物质的进步，这个决定是我们做出的。我们所做的，并非受一种不可抗的、不能控制的力量的驱使，也没有人强加给我们不可思议的条件，或者被称之为所谓的"经济法则"。在未来的潮流中，我们并不是没有主动性的人。

除非是圣人，或者是伟大的苦行主义者，我想大多数人都同意，贫穷与物质上的匮乏是一种灾患。极端的贫穷是很大的不幸。但不能认为，一种舒适的或者高标准的物质生活就是幸福。田纳西一家农民的主妇现在有了电力引水机，可以把水引到她的厨房了，这比她从前不得不从井里每天担水到厨房的时候，她的精神可能更加宽厚，也可能适得其反，更加自私。一个从前很贫穷的耕耘的农民，他现在在工厂里有了很适意的工作，收入很可观，并且住进了城市里舒适的住宅。他可能更加宽宏大量，更加理性，更能多想到别人，在公共事业上更加活跃，也可能正好相反。我们都明白，有一些并不很出名的人都是出身于贫困，而后来过着"标准很高的生活"。

从一个改良了的环境所得的结果，无论是幸福或者是不幸，是自由或者是奴隶，总而言之，无论是好是坏，主要依赖于这些变化是如何实现的，依赖于用以达到这些具体结果的方法。此外，还要看用什么精神来使用这些变化的成果以及达到什么目的。这是因为，一种较高标准的生活、较大的生产能力和对于自然的控制，其本身并非等同于幸福，倘使我们不能善用它，那就不能成为精神力量的源泉。

用各种努力使用机器帮助人类改进生活，如果出之于一种绝对厌世主义的态度，是根本无法令人同意的。那些人的论旨是这样的：生命本身就是一种罪恶，因此，任何寻求避免这种苦难、减轻这种苦难的努力，都是错误和徒劳无益的。对于那些虔诚而执着于此种信念的人们，真是没有一种回答可以使他们满意。在美国，虽然也有少数人认为可以允许他们坚持这种全盘否定的观点，但至关重要的在于这样一种信仰（或者可以说是缺乏信仰），它所影响和浸染人的头脑的作用虽不甚大，但对物质变化所持的异议的影响着实广泛。例如，许多人虽然并不否认生命本身的价值，然而他却皈依于另一种信仰，以为人类的本质是恶的，而且是天生难于改变地趋于恶。他们认为，这种"不可思议的、恶劣的人性",也是由于对改进人类物质环境的任何努力抱有错误和愚昧的想法所致。

人类的确有恶的倾向,这是生活在最近这 25 年以来的人很少否认的。但是,我深信而且可以断言,两相衡量,重心还是在善的一方面。这是一个信仰的问题,这是因为,能够证明或者驳倒这天平任何一边的统计专家或逻辑学家在哪里呢?只有在人性本善这一信仰的前提下的行动,我们才能促进这种善。就如纳粹党人在人性本恶的信仰下的行动,诱发了人类的兽性与堕落的情形是一样的。

民主而没有信仰,是一种绝对不可能的事情。总而言之,性善是远胜于性恶的。培养人类在音乐、绘画或诗歌方面的创造能力,每一种努力都基于这同一种的信仰和相同的假定。这就是我们在这流域中所努力从事的。说这是"物质主义",就什么也没回答。所有这些努力依存的基石,就是人类的信仰。

我认为,自己是在处理一个广泛的宗教和哲学思想上的问题,这是剧烈地论争了几个世纪而仍然继续的问题。纵使在这里不能充分地讨论,也还是不能置之不理的。我必得听任事情自然发展。这里引证两位当代的思想家对于这个问题的意见,他们的语言也正合我自己的观点。

第一位就是现代大哲学家胡适博士,直到最近还是中国驻美大使。他指出无数东方人的情形,即在美国也不在少数,都认为物质环境的改良,对于精神上是没有帮助的,而此种文化,即所谓"物质主义"。他说:

> 于我来说,囿于物质而不能超越之,对物质环境感觉

无能为力，且不能充分利用人类的智慧来征服自然、改善人类的境况，这种文明才是物质主义的。人类的圣贤可能竭尽所能来颂扬知足常乐，对人民大灌迷汤，使他们心甘情愿地赞美他们的神，顺从他们自己的命运。但是这种自我迷醉的誓示，比起他们所经的破旧房屋，难以果腹的食物和他们用来铸造神像的泥土与木材来说，更物质主义。

　　另一方面，尽可能充分地利用人类的天才与智慧探求真理，以控制自然、改造事物服务人类，把人类从无知、迷信和屈服于自然之力中解放出来，改革社会与政治习俗，让大多数人受益，这样的文明才是极其理想而高尚的。

庇护十一世（Pope Pius XI）在他著名的"四十天斋戒"的通谕中说：

　　所以，只有经济和社会的组织都健全地树立起来，并且达到了目的，那时候，经济事务上的技术成就和社会的组织，才能够使人们获得所有这些自然财富与资源提供的各种物品。这些物品，应当足够供给所有的需要和正当的生活，以促进人类繁荣，提高文化水准。倘能慎重从事，不但没有妨碍，而且特别有助于道德。

但是，对于像我们在这流域所看到的这类企业，除了有些哲学上的异议以外，还有一种广泛而不同的意见。因为物质进步和自由感觉还不够充分，于是在世界各处产生了一种可怕的信念，以为个人自由必须全部取消。对这种观念的接受，实在是我们一生中不可忽视的事件。技术最进步的国家，欧洲的德国和远东的日本，他们的人民还在这种信念中生活呢。

在美国，怀着此种见解的人也颇具势力。他们惯于使用狡猾奸诈、权谋邪术的方法，想要说服美国民众。他们说，现代技术需要普通大众（自然，他们自己并不以此自居）放弃个人自由的理想，放弃对自己的命运发出呼声。只有顺从这种观念，以现代工业来提高"生活标准"才有可能。这里正有一种巧合，极端保守的和过分激进的人，在这一点上是联合一致了。这种对于现代个人生活因此也是对于民主所持的失败主义的态度，因为太普遍反而被人忽视了。而所有对它持支持态度的，也都被人轻轻忘却。

田纳西河流域技术的成果和各类专家的很多成就，自然不是一件小事。但是，以一个管理人和公民的立场而言，除非这些技术的产物促进了一种信念，即认定机器与科学能为个人精神更好的发展而效力，否则据我所知，自然界的成就和物质利益的真实价值将会十分可疑。

少数人还没有看到现代的实用科学和机器是威胁个性发展的，而个性发展却是民主制度的目的。就因为这种缘故，最近10年以来，田纳西河流域的经验，真是鼓舞人心。已经试验出来的、在这流域所展开的方法，在技术进步的基础上，即我所描写过的基层民主的方法，已经为更大的幸福、更深刻的体验、为自由创造出了一个绝好的时机。老实说，在这流域，即使在这短短的10年之中，我们也已掌握了一种信念，这就是：当技术的使用具有一种道德目标的时候，并且当它的方法是彻底民主的时候，当绝不为机器而牺牲个人的自由和精神时，才能够促进机器达成这种目标。

　　这是非常重要的，我们有这种信念，我们有明显的根据来支持这种信念。因为现实的情形是：用机器与科学来改变我们的物质环境，这工作必须完成。这应当由民主来将它完成，由那些相信人民第一的人来完成；由那些相信众人的力量，而不是仅仅几个人的力量的人们来完成。这不能由失败主义者来完成，并且不应当由那些相信人类性本恶的人来完成。然而，这工作终归是要完成的，而且由于这些人，它一定能完成。只有这些问题：将怎样完成？于谁有利益？对于这些问题的回答，大部分将要依赖于不可捉摸的信仰了。

　　信仰，在人类社会中是最大的力量，是所有各种力量中最现实的力量。怎样能保持信仰于不坠，并使之继续加强呢？那就是从工作中去增强信仰。不妨拿一家实验农场农民的情形为例，当你同他交谈的时候，你立即可以发现，他的信仰是受了鼓励的。他已经发现了他的家中有些新的事情，而这事情是他一向不相信会出现在他的家中的。他能够发现，科学能替他的土地做些什么，在他的屋子里面能替他做些什么，能为他的社会与邻人做些什么。他与他的妻子所亲眼看见的都是加强他们信仰的东西，别的不可能的事情也能够发生，在他们的田庄、社会以至他们的国家。于是他们相信：这是能够完成的。

　　信仰使个性与机器及科学能并驾齐驱、共同繁盛。这主要在于：在日常生活与工作中，人们只要有一种足够深沉的信仰，深沉至坚定不移的程度，那就足以完成这些事情而且必能完成。这是因为，在这流域不能解决的问题和不能胜过的物质障碍，都已经没有了。仅有的严重障碍，还是人们的心理。这自然也是不可轻视的。但是人们有思想，一种新的思想就能把这些改变过来。发生于这个流域的最大的事情，乃是这种正在成长着的信仰。这种信仰不仅是现代科学进步能用以创造较高收入和更舒适的生活，尤其是技术能给人们一种真正的选择取舍的机会，人们可以此达到前所未有的自由。

但是，只有一种确信，一种固定的信仰，那还不能够完成，还必须有一种轻重缓急的判别：必须知道哪一件事应当首先开始。有些人梦想很伟大，然而他们一向不晓得在轻重缓急上应当怎样处理。这是衰弱的知识分子、至善论者、头脑冷静的失败主义者、得了思乡病的自由主义者与弃世者，对于人类前途所共有的态度。他们恍恍惚惚地以想象制造出各种困难，再把这些困难渲染夸大。但是手持电铲的梦想家知道着手去做是最要紧的。手执电铲的梦想家希望有一个工作足够宏大壮丽，足以获得生活中的富裕，并且让他们开始有从事和实现梦想的机会。

他们那样去看待一件工作的开端。但这是一个持续的过程，以此才能改进人类的自然环境。它是没有完结、没有终止的，也没有既成品的远景。

以现代的方法来改造我们的资源，并且使机器为全人类工作——这种事情，我与田纳西河流域的许多人，都确信必能成功。正因为我们共同的经验，我们相信用这种方法和目的必能达于成功。这种经验使我确信，科学与发明可以有意识地、审慎地引导人们实现所希望达到的那种世界。假如人们所希望的是地方分权的实业、"家庭耕耘",或者不太大的令人愉悦的城市,没有烟雾,没有污秽,没有稠密拥挤的现象——达到这些目的,已经有一些现代的方法了。人民,在以民主的精神从事他们的私人企业和公共机构的工作,必能实现他们实质上所希望的那种国家、那种社会。

具体的工作即将完成了,它的方法,假如不是民主的,就要是反民主的了。它的完成,或许由一个庞大的私营公司中的一小部分调配全国的资源而实现,或者由一个组织紧密的政治团体而实现,也可能由有志于对此负责的人民团体或几个团体的同盟合作而实现。花言巧语的中央集权论者、恃才傲物的经理家们、犬儒学派的政治家们,每一个对于人民的力量没有信仰的人,想要由统治自然资源的开发以取得利益并由此统治人类的生活,都将很难找到途径。这是危险的事情,没有人能够把这种可能来临的危机化险为夷,也没有人看不到摆在我们国家民主前途上的苦难的日子。但是,灾难并不能永远加害于我们。人民在日常生活之中,只有运用历史所赋予我们的民主力量,才能够打退从内部袭来的进攻。这样,民主才能够从实验与斗争中苏醒过来。

在这流域,我写过关于这种信仰的声明,人民明白我们这一时代的工作必能完成。因为他们看到并且得到了最初的收获。他们知道其必能成功,不只是为了人民,而且是通过人民来完成。

译名对照表

A

Ajmer-Merwara 阿杰梅尔 – 梅尔瓦拉

Alabama 亚拉巴马

Alcoa 阿尔科阿

Amazon 亚马逊

Arkansas 阿肯色

Asheville 阿什维尔

Auckland 奥克兰

Australia 澳大利亚

Austria 奥地利

B

Balkan 巴尔干

Bankhead 班克黑德

Barker 巴克

Barkley 巴克利

Bavaria 巴伐利亚

Bonneville 邦纳维尔

Boston 波士顿

Boulder 博尔德(大坝)

Brimingham 伯明翰

Brook Farm 布鲁克农庄

Buenos Aires 布宜诺斯艾利斯

Bulgaria 保加利亚

C

C. H. Haldane 霍尔丹

California 加利福尼亚

Carolina 卡罗来纳

Chattanooga 查塔努加

Cheam 持穆

Cherokee 切罗基

Chickamauga 奇克莫加

Chunking 重庆

Clark 克拉克

Clinch R. 克林奇河

Connecticut 康涅狄格

Copper 库珀

Corinth 科林斯

Cumberland 坎伯兰

Czech 捷克

D

D. E. Lilienthal 利连索尔

Danube River 多瑙河

Davout 达武

Decatur 迪凯特

Delaware 特拉华

Detroit 底特律

Ducktown 达克敦

Dunărea 多瑙河

E

Ernest 欧内斯特

F

Fall River 福尔里弗

Fontana 丰塔纳

Fullerton 富勒顿

G

Ganges 恒河

Georgia 佐治亚

Grainger 格伦杰

Guntersville 甘特斯维尔

Göteborg 哥德堡

H

Hamilton 汉密尔顿

Hartselle 哈特塞尔

Henry Ford 亨利·福特

Hiwassee 海沃西

Holston R. 霍尔斯顿河

Hu shih 胡适

Hungary 匈牙利

I

Illinois 伊利诺伊

Indiana 印第安纳

Iowa 爱荷华

J

James Burnham 詹姆斯·伯纳姆

Jefferson 杰斐逊

John Dewey 约翰·杜威

Jonesville 琼斯维尔

Julian Huxley 朱利安·赫胥黎

K

Kentucky 肯塔基

Knoxville 诺克斯维尔

L

Leeds 利兹
Lewis L. Lorwin 刘易斯·L. 洛温
Lister Hill 利斯特·希尔

M

Maine 缅因
Maitland 梅特兰（英国法学家）
Manchester 曼彻斯特
Mansfield 曼斯菲尔德
Marshal 马歇尔
Maury 莫里
Meigs 梅格斯
Memphis 孟菲斯
Mendota 门多塔
Monticello 蒙蒂塞洛
Mexico 墨西哥
Michigan 密歇根
Minnesota 明尼苏达
Missiouri 密苏里
Mississippi 密西西比
Monongahela 莫农格希拉
Morocco 摩洛哥
Muscle Shoals 马斯尔肖尔斯

N

Nashville 纳什维尔
New Delhi 新德里
New Orleans 新奥尔良
Norris 诺里斯
Norrland 诺尔兰
North Atlantic 北大西洋

O

Ohio 俄亥俄
Oklahoma 俄克拉荷马
Omaha 奥马哈
Ozarks 欧扎克

P

Paducah 帕迪尤卡
Peru 秘鲁
Pickwick 匹克威克
Pierre Bezukhov 皮埃尔·别祖霍夫
Pittsburgh 匹兹堡
Pope Pius XI 庇护十一世

R

Rio Grande 里奥·格兰德

S

Santee 桑蒂

Schenectady 斯克内克塔迪

Swain County 斯温县

Sweden 瑞典

T

Tennessee 田纳西

Tequcigalpa 德古斯加巴

the Appalachian Mountains 阿巴拉契亚山脉

the French Broad 佛兰西布罗德河

the Grand Coulee Dam 大古力坝

the Nile 尼罗河

the Ob. 鄂毕河

the Panama Canal 巴拿马运河

the Sherman Anti-Trust Act 谢尔曼反托拉斯法

the Yzngtze 长江

Theodore Roosevelt 西奥多·罗斯福

Thomas Mann 托马斯·曼

Thurman Arnold 瑟曼·阿诺尔德

Tishomingo County 蒂肖明戈县

Turner 特纳

TVA 田纳西河流域管理局

Tyne 泰恩

U

Ukraine 乌克兰

Ural 乌拉尔

V

Virginia 弗吉尼亚

W

Waddington 沃丁顿

Wales 威尔士

Watauga 沃托加

Watts Bar 沃茨巴

Webster 韦伯斯特

Wendell Willkie 温德尔·威尔基

Wheeler Lake 惠勒湖

Whitman 惠特曼

Wisconsin 威斯康星

Y

Yugoslavia 南斯拉夫

图书在版编目（CIP）数据

民主与大坝：美国田纳西河流域管理局实录 /（美）利连索尔
(Lilienthal,D.E.) 著；徐仲航译. —上海：上海社会科学院出版社，
2016

ISBN 978-7-5520-1144-9

Ⅰ.①民… Ⅱ.①利… ②徐… Ⅲ.①田纳西流域管理局－史料
Ⅳ.①F471.269

中国版本图书馆 CIP 数据核字（2016）第 043421 号

民主与大坝：美国田纳西河流域管理局实录

著　　者：〔美〕大卫·利连索尔
译　　者：徐仲航
责任编辑：唐云松
出 版 人：缪宏才
出版发行：上海社会科学院出版社
　　　　　上海顺昌路 622 号　邮编 200025
　　　　　电话总机 021-63315900　销售热线 021-53063735
　　　　　http://www. sassp.org.cn　Email: sassp@sass.org.cn
印　　刷：上海新文印刷厂
开　　本：890×1240 毫米　1/32 开
印　　张：8.25
插　　页：7
字　　数：160 千字
版　　次：2016 年 8 月第 1 版　2016 年 8 月第 1 次印刷

ISBN 978-7-5520-1144-9/F·341　　　　　定价：39.80 元

读者联谊表

姓名：　　　大约年龄：　　　性别：　　　宗教或政治信仰：

学历：　　　专业：　　　　职业：　　　　所在市或县：

通信地址：　　　　　　　　　　　　　　　邮编：

联系方式：邮箱＿＿＿＿＿＿＿＿QQ＿＿＿＿＿手机＿＿＿＿＿

所购书名：＿＿＿＿＿＿＿＿＿＿在网店还是实体店购买：＿＿＿

本书内容：满意　一般　不满意　本书美观：满意　一般　不满意

本书文本有哪些差错：

装帧、设计与纸张的改进之处：

建议我们出版哪类书籍：

平时购书途径：实体店　　　网店　　　其他（请具体写明）

每年大约购书金额：　　　藏书量：　　　本书定价：贵　不贵

您对纸质图书和电子图书区别与前景的认识：

是否愿意从事编校或翻译工作：　　　　愿意专职还是兼职：

是否愿意与启蒙编译所交流：　　　　　是否愿意撰写书评：

此表平邮至启蒙编译所，即可享受 68 折免邮费购买背页所列书籍。

最好发电邮索取读者联谊表的电子文档，填写后发电邮给我们，优惠更多。

本表内容均可另页撰写。本表信息不作其他用途。

地址：上海顺昌路 622 号出版社转齐蒙老师收（邮编 200025）

电子邮箱：qmbys@qq.com

启蒙文库近期书目

苏格兰：现代世界文明的起点 / 阿瑟·赫尔曼

民主与大坝：美国田纳西河流域管理局实录 / 大卫·利连索尔

论语与算盘 / 涩泽荣一

涩泽荣一传 / 幸田露伴

米塞斯大传 / 约尔格·吉多·许尔斯曼

民主的胜利：西班牙政治变革的进程 / 保罗·普雷斯顿

世界土地所有制变迁史 / 安德罗·林克雷特

发明污染：工业革命以来的煤、烟与文化 / 彼得·索尔谢姆

大雾霾：中世纪以来的伦敦空气污染史 / 彼得·布林布尔科姆

甘地与丘吉尔：对抗与妥协的壮丽史诗 / 阿瑟·赫尔曼

妥协：政治与哲学的历史 / 阿林·弗莫雷斯科

市场是公平的 / 约翰·托马西

如何治理国家：献给当代领袖的政治智慧 / 西塞罗

麦克阿瑟回忆录（全译本）/ 道格拉斯·麦克阿瑟

弗洛伊德传 / 彼得·盖伊

路易十六之死 / 黄霄文

人的行为 / 路德维希·冯·米塞斯